تقرير حول انتهاكات حقوق الإنسان في الولايات المتحدة في عام 2023

2023 年美国侵犯人权报告

مكتب الإعلام بمجلس الدولة لجمهورية الصين الشعبية

中华人民共和国国务院新闻办公室

图书在版编目（CIP）数据

2023年美国侵犯人权报告 ：汉阿对照 ／ 国务院新闻办公室编 . —— 北京 ：五洲传播出版社，2024. 7.

ISBN 978-7-5085-5247-7

Ⅰ . D771.224

中国国家版本馆CIP数据核字第20244QS611号

2023年美国侵犯人权报告（汉阿对照）

编　　者：国务院新闻办公室
责任编辑：宋博雅
制　　作：北京翰墨坊广告有限公司
出版发行：五洲传播出版社
地　　址：北京市海淀区北三环中路31号生产力大楼B座6层
邮　　编：100088
发行电话：010-82005927　010-82007837
网　　址：www.cicc.org.cn　www.thatsbooks.com
印　　刷：北京圣彩虹科技有限公司
版　　次：2024年7月第1版第1次印刷
开　　本：185 mm × 260 mm
印　　张：8.25
字　　数：111千
定　　价：68.00元

المحتوى

目 录

تقرير حول انتهاكات حقوق الإنسان في الولايات المتحدة في عام 2023

مكتب الإعلام بمجلس الدولة لجمهورية الصين الشعبية

مايو 2024

المقدمة

استمر وضع حقوق الإنسان في الولايات المتحدة في التدهور خلال عام 2023. وتعرضت حقوق الإنسان في الولايات المتحدة لحالة من الاستقطاب المتزايد. فبينما أخذت أقلية حاكمة تتمتع بهيمنة سياسية واقتصادية واجتماعية، تعرّض غالبية الناس العاديين للتهميش بشكل متزايد، مع تجاهل حقوقهم وحرياتهم الأساسية. ومن المثير للصدمة أن 76 في المائة من الأمريكيين يرون أن أمتهم تسير في الاتجاه الخاطئ.

أخفق التناحر السياسي الداخلي والخلل الوظيفي الحكومي وفشل الحوكمة داخل الولايات المتحدة في حماية الحقوق المدنية والسياسية. وظل التوصل إلى توافق بين الحزبين بشأن السيطرة على السلاح بعيد المنال، وهو ما ساهم في

استمرار ارتفاع معدلات حوادث إطلاق النار الجماعي. فقد قُتل ما يقرب من 43 ألف شخص جراء العنف المسلح في عام 2023، بمتوسط 117 حالة وفاة يوميا. وظلت وحشية الشرطة مستمرة، حيث نُسبت ما لا يقل عن 1247 حالة وفاة إلى عنف الشرطة، وهو رقم قياسي جديد منذ عام 2013، بيد أن نظام مساءلة الموظفين المكلّفين بإنفاذ القانون يكاد يكون عديم الوجود. كما أن الولايات المتحدة، التي لا تمثل سوى 5 في المائة من سكان العالم، يوجد بها 25 في المائة من عدد السجناء في العالم، وهو ما أكسبها لقب "الدولة السجنيّة". وقد اشتد التناحر السياسي مع تلاعب الأحزاب بالانتخابات من خلال تغيير التقسيمات الإدارية، الأمر الذي أدى إلى حدوث "أزمة رئيس مجلس النواب" مرتين بمجلس النواب، وزاد من إضعاف مصداقية الحكومة، إذ لم يعد يثق في الحكومة الفيدرالية سوى 16 في المائة فقط من الأمريكيين.

ظلت العنصرية المتجذّرة قائمة في الولايات المتحدة، مع وجود حالات من التمييز العنصري الشديد. وقد أشار خبراء أمميون إلى أن العنصرية المنهجية ضد الأمريكيين من أصل أفريقي تغلغلت في قوات الشرطة ونظام العدالة الجنائية بالولايات المتحدة. وبسبب التمييز العنصري الكبير الذي يُمارس في قطاع الرعاية الصحية، وصل معدل وفيات الأمهات بين الأمريكيات المنحدرات من أصل أفريقي إلى حوالي ثلاثة أضعاف نظيره بين الأمريكيات البيض. وأفاد حوالي 60 في المائة من الآسيويين بأنهم يواجهون تمييزا عنصريا، مع وجود آثار بعيدة المدى لـ"مبادرة الصين" التي تستهدف العلماء الصينيين. وقد انتشرت الأيديولوجيات العنصرية عبر قطاعات متعددة مثل وسائل التواصل

الاجتماعي والموسيقى والألعاب، وامتدت عبر الحدود، ما جعل الولايات المتحدة من المصدّرين الرئيسيين للعنصرية المتطرفة على الصعيد الدولي.

شهدت الولايات المتحدة تفاقم التفاوت بين الناس في الثروة، حيث باتت ظاهرة "العمالة الفقيرة" أكثر بروزا، وصار يُنظر إلى نظام حماية الحقوق الاقتصادية والاجتماعية على أنه غير فعال. وكانت التفاوتات طويلة الأمد في توزيع الدخل بين العمالة ورأس المال سببا في إحداث أشد فجوات الثروة حدة منذ أزمة الكساد العظيم في عام 1929. فهناك 11.5 مليون أسرة عاملة منخفضة الدخل في الولايات المتحدة، ولكن الحد الأدنى الفيدرالي للأجور لم يتم رفعه منذ عام 2009. وحتى عام 2023، انخفضت القوة الشرائية للدولار الأمريكي الواحد إلى 70 في المائة من قيمته في عام 2009. وكابدت الأسر ذات الدخل المنخفض من أجل تحمل تكاليف الضروريات الأساسية مثل الغذاء والإيجار والطاقة، وهو ما أدى إلى تعرض أكثر من 650 ألف شخص للتشرد، ليصل عددهم إلى أعلى مستوياته في 16 عاما. فـ"العمالة الفقيرة" حطمت "الحلم الأمريكي" لدى الأفراد العاملين بكدّ، الأمر الذي ساهم في حدوث أوسع موجة من الإضرابات منذ بداية القرن الـ21، والتي حدثت في عام 2023.

لطالما اُنتهكت حقوق المرأة والطفل في الولايات المتحدة بشكل منهجي، مع عدم وجود أحكام دستورية تنص على المساواة بين الجنسين. وظلت الولايات المتحدة الدولة العضو الوحيدة في الأمم المتحدة التي لم تصدق على اتفاقية القضاء على جميع أشكال التمييز ضد المرأة واتفاقية حقوق الطفل. ففي أبريل 2023، رفض مجلس الشيوخ الأمريكي تعديلا دستوريا يكفل المساواة بين

الجنسين. وفي الولايات المتحدة، تفقد ما يقرب من 54 ألف امرأة وظائفهن سنويا جراء التمييز بسبب الحمل. ولا تستطيع أكثر من 2.2 مليون امرأة في سن الإنجاب الوصول إلى خدمات رعاية الأمومة. وقد سنت 21 ولاية على الأقل حظرا أو قيودا صارمة على الإجهاض. وزاد معدل وفيات الأمهات بواقع أكثر من الضعف في العقدين الماضيين. وتفشى العنف الجنسي في أماكن العمل والمدارس والمنازل. وتعرض حق الأطفال في البقاء والنمو للخطر، مع استبعاد العديد من الأطفال من برامج المساعدة الصحية. وظل العنف المسلح أحد الأسباب الرئيسية لوفيات الأطفال، وأخذ تعاطي المخدرات يتفشى بين الشباب. وتبيّن أن هناك 46 ولاية لم تبلغ عن حوالي 34800 حالة من حالات فقدان أطفال بالتبني.

تواجه الولايات المتحدة، وهي بلد استفاد في الماضي والحاضر من الهجرة، مشكلات خطيرة تتعلق باستبعاد المهاجرين وممارسة التمييز ضدهم. فقد ترسخت ممارسات الاستبعاد والتمييز ضد المهاجرين بعمق في الهيكل المؤسسي للولايات المتحدة، بدءا من قانون الاستبعاد الصيني سيئ السمعة لعام 1882 وصولا إلى قرار "حظر المسلمين" لعام 2017 الذي أُدين دوليا. واليوم، أصبحت قضية الهجرة أداة لتحقيق مكاسب حزبية والتهرب السياسي من المسؤولية، مع تجاهل الساسة للحقوق الفردية للمهاجرين ورفاههم. واُختصرت سياسات الهجرة إلى مواقف حزبية مثل "إذا كنت تدعم، فأنا أعارض" لتصبح في النهاية مسرحيات سياسية للتلاعب بالناخبين. ووقعت أزمة الهجرة في حلقة مفرغة، حيث تعرض المهاجرون والأطفال للاعتقال والاتجار بالبشر والاستغلال

على نطاق واسع. ومن ثم، فإن رِيَاءَ الاستقطاب السياسي والطبيعة النفاقية لحقوق الإنسان الأمريكية أصبحا يتجليان بوضوح في قضية الهجرة.

لطالما سعت الولايات المتحدة إلى فرض هيمنتها، ومارست سياسة القوة، وأساءت استخدام القوة والعقوبات الأحادية. وأدى الاستمرار في تزويد بلدان أخرى بأسلحة مثل الذخائر العنقودية إلى تفاقم التوترات الإقليمية والصراعات المسلحة، وهو ما أسفر بدوره عن سقوط عدد كبير من الضحايا في صفوف المدنيين وحدوث أزمات إنسانية حادة. كما أن العمليات واسعة النطاق التي قامت بها "قوات بالوكالة" قوضت الاستقرار الاجتماعي لدول أخرى وانتهكت حقوق الإنسان فيها. ولا يزال معتقل غوانتانامو مفتوحا حتى يومنا هذا.

أولا- الحقوق المدنية والسياسية أصبحت مجرد كلام أجوف

أسفر العنف المسلح في الولايات المتحدة عن خسائر فادحة في الأرواح البشرية، وأدى التناحر الشرس بين الأحزاب السياسية إلى صعوبات في التوصل إلى توافق بشأن السيطرة على السلاح. وأساءت الحكومة استخدام سلطتها لمراقبة خصوصيات المواطنين، كما اشتد عنف الشرطة، وأصبح نظام مساءلة عناصر الشرطة المكلّفين بإنفاذ القانون عديم الفائدة. فالاستقطاب السياسي في تصاعد مستمر، والتلاعب بالانتخابات في حالة تفشٍ، ومصداقية الحكومة في انحدار متواصل.

أسفر العنف المسلح عن خسائر فادحة في الأرواح البشرية.

وأشارت البيانات إلى أن جميع أنواع العنف المسلح آخذة في الازدياد في الولايات المتحدة.[1] فوفقا لـ((أرشيف عنف السلاح))، وقع ما لا يقل عن 654 حادث إطلاق نار جماعي في الولايات المتحدة في عام 2023. وكان العنف المسلح مسؤولا عن حوالي 43 ألف حالة وفاة، بمتوسط 117 حالة وفاة يوميا.[2] فعلى سبيل المثال، أفاد الموقع الإلكتروني لشبكة ((إيه بي سي نيوز)) في 28 أكتوبر 2023 بأن حادث إطلاق نار جماعي وقع في ولاية ماين قد أسفر عن مقتل 18 شخصا على الأقل وإصابة 13 آخرين.[3] وذكر الموقع الإلكتروني لصحيفة ((يو إس إيه توداي)) في 6 ديسمبر 2023، أن ثلاثة أساتذة جامعيين في لاس فيغاس قتلوا بالرصاص على يد زميل سابق. ووصفت إيرين مولفي، رئيسة الرابطة الأمريكية لأساتذة الجامعات، العنف المسلح بأنه "تهديد وطني غير مقبول" وحثت الحكومة الأمريكية على إصلاح السياسات المتعلقة بالسلاح.[4] كما أثار الارتفاع الحاد في الإصابات والوفيات المرتبطة بالسلاح في الولايات المتحدة قلقا بالغا لدى لجنة حقوق الإنسان التابعة للأمم المتحدة.[5]

تجاوزت آثار العنف المسلح الحدود الداخلية. فقد أدى انتشار السلاح في الولايات المتحدة إلى تصاعد وتيرة تهريب السلاح في الدول المجاورة، الأمر الذي ألحق أضرارا جسيمة بحياة السكان المحليين والاستقرار الإقليمي. فقد كشفت الأرقام الصادرة عن الحكومة المكسيكية أن هناك أكثر من نصف مليون قطعة سلاح يتم تهريبها من الولايات المتحدة إلى المكسيك سنويا.[6] وأن أكثر من 70 في المائة من الأسلحة، التي ضُبطت في مسارح جرائم العنف بالمكسيك بين عامي 2014 و2018، جاءت من الولايات المتحدة.[7] وأفاد تقرير

صدر في عام 2022 عن ((إنسايت كرايم)) بأن تدفق الأسلحة غير المشروعة من الولايات المتحدة إلى منطقة البحر الكاريبي دفع إلى ارتفاع معدل جرائم القتل في المنطقة.[8]

أدى التناحر بين الأحزاب السياسية إلى صعوبات في تحقيق توافق حول السيطرة على السلاح. ومن ثم، فقد دعت لجنة الأمم المتحدة لحقوق الإنسان الولايات المتحدة إلى اتخاذ جميع الإجراءات اللازمة لحماية الحق في الحياة بشكل فعال ومنع العنف المسلح والحد منه.[9] وذكر تقرير استقصائي صدر على الموقع الإلكتروني لمركز بيو للأبحاث في 28 يونيو عام 2023، أن هناك إقرارا واسع النطاق بأن العنف المسلح يعد مشكلة وطنية كبرى ومتنامية، حيث أيد 58 في المائة من المستطلعة آراؤهم سن قوانين أكثر صرامة للسيطرة على السلاح ورأى أكثر من 60 في المائة من البالغين الأمريكيين أن العنف المسلح صار مشكلة وطنية كبرى في الولايات المتحدة اليوم.[10] بيد أن الساسة الأمريكيين يتجاهلون دعوات المجتمع الدولي والجمهور المحلي إلى السيطرة على السلاح، فقط من أجل المال والمصلحة الذاتية السياسية، وهو ما جعل انتشار السلاح في الولايات المتحدة أمرا غير قابل للسيطرة عليه بشكل فعال لفترة طويلة. وقد قالت بيلين فيرنانديز كاتبة العمود في موقع ((الجزيرة))، في مقال لها بعنوان ((العنف المسلح الأمريكي: الرأسمالية هي الجاني))، إن الولايات المتحدة "تعتمد كليا على تغليب الأرباح على الشعب". فحادث إطلاق النار الذي وقع داخل سوبر ماركت في بوفالو، وحادث إطلاق النار الذي وقع في مدرسة ابتدائية في أوفالدي، وحادث إطلاق النار الذي وقع في هايلاند بارك وغيرها

من حوادث إطلاق النار الجماعي قد وسمت الحياة الأمريكية. كما حققت شركة ((سميث آند ويسون)) الأمريكية العملاقة لتصنيع الأسلحة أرباحا لا تقل عن 125 مليون دولار أمريكي في عام 2021 وحده من مبيعات البنادق الهجومية، وهي الأسلحة التي غالبا ما تُستخدم في حوادث إطلاق النار الجماعي.[11] وقال جوزيف بلوكر، الباحث الأمريكي في القانون الدستوري والأستاذ في كلية الحقوق بجامعة ديوك، إن المناورات السياسية أضرّت كثيرا بالجهود الرامية إلى سن تشريعات فعّالة للحد من العنف المسلح في الولايات المتحدة.[12] وحتى مع تواتر وقوع حوادث إطلاق النار الجماعي، فمن غير المرجح أن يكون هناك توافق جديد بين الحزبين على وضع تدابير محددة للسيطرة على السلاح. وفي تحرك مدفوع بالاستقطاب الحزبي وجماعات المصالح، أخذ عدد متزايد من حكومات الولايات زمام المبادرة في دفع تشريعات تهدف إلى توسيع حق السكان في اقتناء السلاح وحمله. وفي عام 2023، لم تعد هناك حاجة إلى الحصول على تصريح من أجل حمل مسدس في 27 ولاية على الأقل.[13] وقد كان لمرض العنف المسلح المزمن وعدم كفاية سياسات الرقابة الحكومية آثار وخيمة على حياة الناس العاديين.

أساءت الحكومة استخدام سلطتها لمراقبة خصوصيات المواطنين. وظلت اللجنة المعنية بحقوق الإنسان التابعة للأمم المتحدة تشعر بالقلق إزاء النطاق الواسع للغاية لاستخدام المادة 702 من قانون مراقبة الاستخبارات الأجنبية، التي لا تسمح لمسؤولي إنفاذ القانون في الولايات المتحدة فقط بمراقبة الاتصالات الإلكترونية للأجانب، بل تسمح لهم أيضا بالاستفادة من

الثغرات القانونية للحصول على كميات كبيرة من اتصالات المواطنين الأمريكيين دون أمر قضائي (المعروفة باسم "عمليات البحث من الباب الخلفي")، كما أنها تفتقر إلى آلية رقابة واضحة وشفافة.[14] وقد كشف تقرير صدر عن لجنة الاستخبارات بمجلس النواب في 16 نوفمبر 2023، أن مكتب التحقيقات الفيدرالي أعاد توجيه المادة 702 من قانون مراقبة الاستخبارات الأجنبية لإجراء مراقبة داخلية، ورصد "مستمر وواسع النطاق" لاتصالات أعضاء الكونغرس، وممولي الحملات الانتخابية لانتخابات الكونغرس، والمتظاهرين المناهضين للعنصرية.[15] وأفاد الموقع الإلكتروني لـ((مركز برينان للعدالة)) في 20 نوفمبر 2023، بأنه على مدى أكثر من عقد من الزمان، أساءت إدارة شرطة نيويورك استخدام وسائل التواصل الاجتماعي للانخراط في أنشطة غير قانونية، بما في ذلك مراقبة التجمعات العامة وتتبع المواطنين الأفراد واتصالاتهم دون أدلة، ودون رقابة أو مساءلة.[16]

لقد تفاقمت مشكلة التعصب الديني. فالتحيز الديني مشكلة قديمة العهد في المجتمع الأمريكي. وفي السنوات الأخيرة، استمر عدد الجرائم الناجمة عن التعصب الديني في الازدياد. وأشارت إحصاءات جرائم الكراهية الصادرة عن مكتب التحقيقات الفيدرالي في أكتوبر 2023 إلى وقوع 2042 من حوادث جرائم الكراهية القائمة على أساس الدين في الولايات المتحدة في عام 2022.[17] وأفاد تقرير صدر عن مجلس العلاقات الأمريكية-الإسلامية في أبريل 2023 بأنه تم تلقي إجمالي 5156 شكوى من التمييز ضد المسلمين في عام 2022، حيث كانت تتعلق أساسا بالتمييز في التوظيف والتمييز في التعليم والإنفاذ

غير العادل للقانون، ومن بينها ازدادت الشكاوى المتعلقة بالتعليم بنسبة 63 في المائة مقارنة بعام 2021.[18]

تعرضت حرية الرأي والتعبير للقمع. واسترعت أعمال المضايقة والترهيب والتهديد والاعتداء ضد المؤسسات الإعلامية والصحفيين من جانب السلطات الحكومية والساسة والمسؤولين عن إنفاذ القانون في الولايات المتحدة انتباه لجنة الأمم المتحدة لحقوق الإنسان. وقد سن عدد متزايد من الولايات، وعلى رأسها تكساس وفلوريدا وميسوري ويوتا وساوث كارولينا، تشريعات تحظر على المدارس العامة استخدام المواد والكتب التعليمية التي تتناول موضوعات محددة مثل العرق والتاريخ ونوع الجنس.[19] وقال جو كون، مدير وحدة التشريعات والسياسات في مؤسسة حقوق الأفراد والتعبير، إن انتشار عمليات فرض الرقابة "أمر مقلق للغاية". ووفقا لمسح التتبع الذي أجرته هذه المؤسسة، بلغ عدد أعضاء هيئة التدريس الذين عوقبوا أو طردوا بسبب إبداء الرأي والتعبير في حرم الجامعات الأمريكية أعلى مستوى له منذ 20 عاما. وتحدثت وكالة ((أسوشيتد برس)) في تقرير لها نُشر في 15 مارس 2023 عن قيام كاترينا ماجكوت، وهي فنانة، باستخدام التطريز لتصوير الأمراض المزمنة والمخدرات وغيرهما من قضايا الرعاية الصحية في مدرسة حكومية بمدينة لويستون في ولاية أيداهو. وقد تم فرض رقابة على العرض وحجبه بتهمة انتهاك "قانون منع التمويل العام للإجهاض" المطبق في الولاية. وبالمثل، حُجبت أربعة أعمال وثائقية مرئية ومسموعة لفنانة أخرى، وهي ليديا نوبلز، أظهرت نساء وهن يتحدثن عن تجاربهن الخاصة مع الإجهاض.[20]

ارتفعت الوفيات الناجمة عن وحشية الشرطة إلى مستوى قياسي. فقد أشار مقال بعنوان ((إنهاء ثقافة عنف الشرطة))، نُشر على الموقع الإلكتروني لـ((مركز برينان للعدالة)) في 3 فبراير 2023، إلى أن الصرح الأمني الأمريكي مبني على ثقافة العنف المؤسسي وتوارثه.[21] وقد برزت مشكلة الاستخدام المفرط للقوة من قبل الشرطة بجلاء في الولايات المتحدة، ولكن معظم إدارات إنفاذ القانون ترفض نشر البيانات المتعلقة باستخدام القوة. ووفقا لـ((رسم خرائط عنف الشرطة))، قتلت الشرطة في الولايات المتحدة ما لا يقل عن 1247 شخصا في العام الماضي، وهو أكبر عدد من عمليات القتل من هذا القبيل منذ بدء تتبعها على المستوى الوطني في عام 2013، وهذا يعني أن حوالي ثلاثة أشخاص في المتوسط قُتلوا على أيدي ضباط يوميا.[22]

أصبح نظام مساءلة عناصر الشرطة المكلّفين بإنفاذ القانون عديم الفائدة. ففي الكتاب الذي يحمل عنوان ((اعتقال المُواطَنة: العواقب الديمقراطية لمكافحة الجريمة الأمريكية))، ذكرت إيمي ليرمان أستاذة السياسة العامة والعلوم السياسية بجامعة كاليفورنيا في بيركلي، وفيسلا ويفر أستاذة العلوم السياسية وعلم الاجتماع بجامعة جونز هوبكنز، أن إدارات الشرطة الأمريكية لطالما كرهت المواطنين الذين يشككون في شرعية إجراءاتها في إنفاذ القانون، وأن آلية مساءلة الشرطة عن الأفعال غير القانونية تكاد تكون عديمة الجدوى.[23] وفي ورقة بحثية نُشرت في مجلة ((ذا لانسيت))، قال اثنان من الباحثين بجامعة واشنطن، وهما إيف وول ومحسن ناغافي، إن أكثر من نصف عمليات القتل على أيدي الشرطة صُنفت خطأ بأنها "قتل عام أو انتحار" في

قاعدة بيانات إحصاءات الوفيات الرسمية لمراكز مكافحة الأمراض والوقاية منها.[24] وأشار تقرير لصحيفة ((نيويورك تايمز)) نُشر في 31 يناير 2023 إلى أن إدارات الشؤون الداخلية كثيرا ما اهتمت بتبرئة الزملاء أكثر من اهتمامها بالتحقيق في سوء السلوك، وبذلت نقابات الشرطة كل ما في وسعها لحماية الأطراف المخالفة ومهاجمة المنتقدين وكفالة مراعاة الأصول القانونية الواجبة بصورة أكبر عند التعامل مع رجال الشرطة المتهمين مقارنة بضحاياهم.[25]

برزت قضية الحبس الجماعي والعمل القسري بجلاء. فالولايات المتحدة التي لا تمثل سوى 5 في المائة من سكان العالم، يوجد بها 25 في المائة من عدد السجناء في العالم، ما يجعلها الدولة التي لديها أعلى معدل سجن وأكبر عدد من السجناء في العالم.[26] وأشار تقرير يحمل عنوان ((عشرة إحصاءات حول حجم الحبس الجماعي وأثره في الولايات المتحدة)) صدر عن مؤسسة ((مبادرة سياسة السجون)) البحثية الأمريكية المعنية بالسياسات في أكتوبر 2023، إلى أنه في أي يوم ما هناك حوالي مليوني شخص في الولايات المتحدة يقبعون في السجون الفيدرالية وسجون الولايات ومرافق احتجاز المهاجرين. وهناك 3.7 مليون شخص محتجزون تحت إشراف المجتمع المحلي مثل أولئك الخاضعين لنظام المراقبة والإفراج المشروط.[27] وكشف تقرير صدر في يونيو 2023 عن كلية الحقوق بجامعة شيكاغو والاتحاد الأمريكي للحريات المدنية أن العمال المسجونين في الولايات المتحدة يولدون سلعا وخدمات تُقدر قيمتها بمليارات الدولارات سنويا. بيد أنه في معظم الولايات، تصل الأجور بالساعة التي يتقاضاها السجناء إلى 2-3 في المائة فقط من الحد الأدنى

للأجور الفيدرالية، وبعض الولايات لا تقدم أي تعويض على الإطلاق.[28] وأشار تقرير صدر عن ((مبادرة سياسة السجون)) في 14 مارس 2023 إلى أن عمل السجناء في السجون الأمريكية إلزامي، ويكاد لا يكون لـ"العمال" المسجونين أي حقوق أو أوجه حماية. وتُجبر السجون النزلاء على العمل بأجر زهيد أو بدون أجر، وبدون استحقاقات، في الوقت الذي تفرض فيه عليهم رسوما مقابل الضروريات، ما يسمح للسجون بتحويل تكاليف الحبس لتقع على عاتق الأفراد المودعين في السجون.[29]

ظلت حدة الشقاق الحزبي في الولايات المتحدة في تصاعد مستمر. وأدى الصراع العنيف بين الحزبين في الولايات المتحدة إلى جمود يحمل طابع الانقسام والاستقطاب الداخليين. ففي اليوم الأول من عمل الكونغرس الأمريكي رقم 118 في يناير 2023، واجه مجلس النواب "أزمة رئيس مجلس النواب". واستغرق الأمر 15 جولة من التصويت شهدت شدا وجذبا قبل انتخاب رئيس جديد لمجلس النواب. وفي أبريل 2023، عزلت الهيئة التشريعية لولاية تينيسي النائبين جاستن جونز وجاستن بيرسون لدعمهما الدعوات المحلية إلى تقوية إجراءات السيطرة على السلاح في أعقاب حادث إطلاق نار وقع في حرم جامعي، الأمر الذي أثار ضجة في الساحة السياسية. وفي أوائل أكتوبر 2023، بسبب عدم القدرة على التوصل إلى توافق حول قضايا هامة مثل إقرار الميزانية للسنة المالية الجديدة، تم عزل رئيس مجلس النواب في تصويت لم يسبق له مثيل. وبعد ذلك، شهد مجلس النواب تكرارا أشد حدة لـ"أزمة رئيس مجلس النواب" مقارنة بتسعة أشهر مضت. وعلى الرغم من قرب انتهاء التمويل

الفيدرالي المؤقت ووجود أزمة إغلاق حكومي تلوح في الأفق، إلا أن المشرعين من كلا الحزبين انخرطوا في صراع استمر لمدة 22 يوما على منصب رئيس مجلس النواب. ونظرا لعدم وجود رئيس لمجلس نواب، ظل مجلس النواب في حالة من الجمود، الأمر الذي عطل الأجندة السياسية العادية للولايات المتحدة. وقد نشرت مجلة ((إيكونوميست)) البريطانية في 28 ديسمبر عام 2023 مقالا استعرضت فيه الفوضى التي شهدتها الساحة السياسية الأمريكية في عام 2023. وعلّق المقال بقوله إنه قد كان هناك الكثير من الاهتمام بالحرب الأهلية الجمهورية التي استمرت لفترة طويلة بمجلس النواب في عام 2023، ولكن لم تكن هناك الكثير من التشريعات التي أُقرت من قبل الكونغرس وأحيلت إلى مكتب الرئيس، وفي الواقع وفقا لبعض التقديرات، كان هذا هو الكونغرس الأقل إنتاجية منذ الحرب الأهلية الفعلية. وذكر المقال "ربما كان قانون تحديث طوابع البط هو أبرز التشريعات لهذا العام". (يكمن المغزى الرئيسي من هذا الطابع في تعديل حكم قانوني لرقمنة تصاريح صيد الطيور المهاجرة).[30]

واصل الحزبان التلاعب بالانتخابات. وكانت الغلبة لسياسة المال في الولايات المتحدة، واتسع حجم حرق الأموال في الانتخابات. وفقا للبيانات العامة، فإنه في انتخابات حكام ولاية كنتاكي عام 2023، أنفق مرشحا الحزبين 91 مليون دولار أمريكي على الدعاية الانتخابية وحدها، والتي كانت أكثر بواقع ثلاث مرات مما سُجل في عام 2019، وهذا جعلها الانتخابات الأعلى تكلفة في عام 2023.[31] وواصل الحزبان تغيير أساليبهما للتلاعب بإعادة تقسيم الدوائر الانتخابية وتشويه الرأي العام من أجل المصلحة الذاتية لحزبيهما. وقد كشف

"مشروع تغيير التقسيمات الإدارية"، الذي أجرته جامعة برينستون حول إعادة تقسيم الدوائر في الولايات المتحدة منذ عام 2021، أن هناك 16 ولاية لديها تلاعب كبير بحدود الدوائر الانتخابية الكونغرسية، و12 منها هي ولايات لديها تلاعب خطير في الدوائر الانتخابية بأكملها.[32] وفي عام 2023، أجرت نيويورك وفلوريدا وجورجيا ونورث كارولينا وولايات أخرى على التوالي عملية إعادة تقسيم كبيرة للدوائر الانتخابية لمجلس النواب بالكونغرس بناء على مصالح حزبية واضحة، والتي كانت متعلقة بشكل مباشر بالانتماء الحزبي لأكثر من خمس مقاعد مجلس النواب بالكونغرس. فقد كان وفد الكونغرس التابع لولاية نيويورك يتألف من 15 ديمقراطيا و11 جمهوريا بعد انتخابات عام 2022. بيد أنه في ظل خريطة إعادة التقسيم الجديدة للدوائر الانتخابية التي جرت بقيادة الحزب الديمقراطي في عام 2023، تسنى للديمقراطيين الاحتفاظ بـ15 مقعدا فيما ظلوا يحرزون تقدما فيما يصل إلى ست دوائر انتخابية يسيطر عليها الجمهوريون حاليا. أما وفد الكونغرس التابع لولاية نورث كارولينا والمؤلف من 14 عضوا فقد كان منقسما بالتساوي إلى سبعة ديمقراطيين وسبعة جمهوريين، ولكن في ظل خطوط التصويت التي اعتمدها المشرعون في الولاية عام 2023، فاز الجمهوريون في 10 دوائر انتخابية فيما فاز الديمقراطيون في ثلاث دوائر انتخابية.[33]

واصلت مصداقية الحكومة تراجعها. وشعر عامة الناس في الولايات المتحدة بخيبة أمل بالغة إزاء الحكومة الفيدرالية على جميع المستويات، ورأى معظمهم أن الولايات المتحدة تسير في الاتجاه الخاطئ. وفقا لبيانات التقرير

الاستقصائي الصادر عن مركز بيو للأبحاث، كانت ثقة الجمهور الأمريكي في الحكومة قريبة من أدنى مستوياتها التاريخية وبلغت 16 في المائة في عام 2023.[34] وأظهرت استطلاعات مؤسسة ((غالوب)) أنه في الفترة من يناير إلى ديسمبر عام 2023، أعرب 81 في المائة على الأكثر و76 في المائة على الأقل من الأمريكيين عن عدم رضاهم عن الطريقة التي تسير بها الأمور في البلاد.[35] ووفقا لاستطلاع للرأي أجرته ((إيبسوس))، رأى 76 في المائة من الأمريكيين أن البلاد تسير في الاتجاه الخاطئ. ورأى 23 في المائة فقط أن البلاد تسير في الاتجاه الصحيح.[36] كما كان هناك استياء واسع النطاق بين الشباب الأمريكيين إزاء عملية ممارسة السياسات الديمقراطية. فقد أشار استطلاع للرأي أجراه ((معهد ساين للسياسة والسياسات)) في الجامعة الأمريكية عام 2023 إلى أن 48 في المائة من الشباب الأمريكيين (الذين تتراوح أعمارهم بين 18 و34 عاما) قالوا إن النظام السياسي الأمريكي يعمل على منعهم من تحقيق الحلم الأمريكي.[37] وإن الشباب الأمريكيين ينفرون من السياسات الحزبية وصاروا أقل ميلا إلى المشاركة في التصويت. وقد ألمحت دراسة نشرتها جامعة تافتس إلى أن نسبة إقبال الناخبين الشباب على الإدلاء بأصواتهم بجميع أنحاء البلاد في انتخابات التجديد النصفي لعام 2022 بلغت 23 في المائة فقط.[38]

ثانيا- مرض العنصرية المزمن

أشارت لجنة الأمم المتحدة لحقوق الإنسان إلى أن العنصرية في الولايات المتحدة لا تزال قائمة اليوم في شكل تنميط عنصري، وعمليات قتل على أيدي

الشرطة، والعديد من انتهاكات حقوق الإنسان. وأن الأقليات العرقية في الولايات المتحدة تواجه تمييزا عنصريا منهجيا ومستمرا وشاملا، كما تنتشر الأيديولوجية العنصرية على نطاق واسع في المجتمع الأمريكي وتمتد إلى المجتمع الدولي.

واجه الأمريكيون المنحدرون من أصل أفريقي تمييزا عنصريا خطيرا في مجال إنفاذ القانون. ففي 3 يناير من عام 2023، اُشتبه في تورط كينان أندرسون، وهو رجل أمريكي من أصل أفريقي يبلغ من العمر 31 عاما من لوس أنجليس، في حادث سير. وصعقته الشرطة ست مرات بمسدس الصعق الكهربائي أثناء عملية اعتقاله، الأمر الذي تسبب في إصابته بنوبة قلبية ووفاته في المستشفى.[39] وبعد أربعة أيام في ممفيس بولاية تينيسي، أوقفت الشرطة الشاب الأمريكي من أصل أفريقي تاير نيكولز البالغ من العمر 29 عاما بسبب "القيادة المتهورة" وأخذت تضربه بوحشية لعدة دقائق. وتوفي نيكولز متأثرا بجراحه بعد ثلاثة أيام، لكن المحققين قالوا إنهم "غير قادرين على إثبات" الادعاء بأنه كان يقود السيارة بتهور.[40] أثارت هاتان الحالتان اللتان راح ضحيتهما أمريكيان من أصل أفريقي جراء عنف الشرطة قلقا بالغا لدى العديد من خبراء الأمم المتحدة. وشدد الخبراء على أن استخدام الشرطة للقوة في كلتا الحالتين ينتهك الأعراف الدولية التي تحمي الحق في الحياة وتحظر التعذيب وغيره من ضروب المعاملة أو العقوبة القاسية أو اللاإنسانية أو المهينة، فضلا عن مدونة الأمم المتحدة لقواعد سلوك الموظفين المكلّفين بإنفاذ القانون والمبادئ الأساسية المتعلقة باستخدام القوة والأسلحة النارية من جانب الموظفين

المكلّفين بإنفاذ القانون.[41] وذكرت آلية الخبراء المستقلين الدولية التابعة للأمم المتحدة للنهوض بالعدالة والمساواة العرقية في سياق إنفاذ القانون، بعد زيارة رسمية إلى الولايات المتحدة، أن "العنصرية المنهجية ضد السكان المنحدرين من أصل أفريقي تستشري داخل قوات الشرطة الأمريكية ونظام العدالة الجنائية". وأشارت إلى أن السود في أمريكا أكثر عرضة للقتل على يد الشرطة بواقع ثلاثة أضعاف مقارنة بالبيض، وأكثر عرضة للسجن بواقع 4.5 أضعاف. ومن بين أكثر من 1000 حالة قتل على أيدي الشرطة كل عام، لا تتجاوز نسبة الحالات التي يوجه فيها الاتهام إلى ضباط الشرطة واحد في المائة. وحذرت هيئة الأمم المتحدة من أن العديد من عمليات القتل هذه ستستمر إذا لم يتم إصلاح لوائح استخدام القوة في الولايات المتحدة بما يتفق مع المعايير الدولية.[42]

وقعت جرائم الكراهية ضد الأمريكيين الأفارقة بصورة متكررة. فقد أفادت وكالة ((أسوشيتد برس)) في 29 أغسطس 2023 بأن رجلا أبيضا ملثما أطلق النار على ثلاثة أمريكيين من أصل أفريقي في جاكسونفيل بولاية فلوريدا. وبعد ذلك انتحر منفذ العملية الذي نشر في تدوينة له كتابات عنصرية.[43] وفي نفس اليوم، أفاد الموقع الإلكتروني لصحيفة ((يو إس إيه توداي)) أن الأمريكيين من أصل أفريقي أصبحوا أكثر ذعرا عقب وقوع عدد من حوادث إطلاق النار التي استهدفتهم. وقال النائب بيني طومسون، الذي كان رئيسا سابقا للجنة الأمن الداخلي بمجلس النواب، إن الهجمات العنصرية، بما في ذلك حادث إطلاق النار الذي وقع في جاكسونفيل، هي جزء من اتجاه متنامٍ من العنف ضد مجتمعات السود.[44] ووفقا لبيانات جرائم الكراهية الصادرة

عن مكتب التحقيقات الفيدرالي في أكتوبر 2023، وقعت 3424 جريمة بدافع الكراهية ضد الأمريكيين من أصل أفريقي في الولايات المتحدة في عام 2022.[45] وكشف تقرير صدر عن مكتب المدعي العام لوزارة العدل بولاية كاليفورنيا في 27 يونيو 2023، أن جرائم الكراهية التي تستهدف السود زادت بنسبة 27.1 في المائة لترتفع من 513 في عام 2021 إلى 652 في عام 2022.[46]

واجه السكان المنحدرون من أصل أفريقي تفاوتات عرقية كبيرة في مجال الرعاية الصحية. فقد كشف تقرير صدر عن صندوق الأمم المتحدة للسكان في يوليو 2023 أن معدلات وفيات الأمهات الأمريكيات من أصل أفريقي كانت أعلى من جميع الأعراق والمجموعات الأخرى بسبب العنصرية المنهجية في نظام الرعاية الصحية.[47] ووفقا للمراكز الأمريكية لمكافحة الأمراض والوقاية منها، تموت 69.9 من كل 100 ألف امرأة حامل من أصل أفريقي أثناء الحمل أو الولادة، أي ما يقرب من ثلاثة أضعاف المعدل بالنسبة للنساء البيض، وهذا التفاوت سائد بين الأمريكيات المنحدرات من أصل أفريقي على اختلاف مستويات تعليمهن ودخلهن.[48] كما أن الأطفال حديثي الولادة المنحدرين من أصل أفريقي لديهم أعلى معدل وفيات مقارنة بأي مجموعة عرقية، مع تسجيل حوالي 11 حالة وفاة لكل 1000 مولود حي، أي حوالي ضعف متوسط معدل الوفيات.[49]

صار تقديم تعويضات عن الاضطهاد العرقي للسكان المنحدرين من أصل أفريقي أبعد ما يكون عن اليقين. فبعد وقت قصير من نهاية الحرب الأهلية، وعدت الحكومة الأمريكية بتقديم تعويضات لكل

عائلة أمريكية من أصل أفريقي تم استعبادها، ولكن على مدى أكثر من 100 عام لم يتم قط الوفاء بهذا الوعد. وفي العام 1989، قدم جون كونيرز، وهو عضو أمريكي من أصل أفريقي في مجلس النواب الأمريكي، "قانون لجنة دراسة وتطوير مقترحات التعويضات للأمريكيين من أصل أفريقي" (إتش آر-40)، ولكن على مدار عقود مضت، لم يصل مشروع القانون هذا إلى مجلس النواب للتصويت عليه.[50] جدير بالذكر أنه في عام 1921، أسفرت الإبادة الجماعية ضد الأمريكيين المنحدرين من أصل أفريقي في تولسا بولاية أوكلاهوما في الولايات المتحدة، عن مقتل مئات الأشخاص. ولا تزال الدعوى القضائية، التي تطالب بتقديم تعويضات لآخر ثلاثة أشخاص معروفين ناجين من مذبحة تولسا العرقية، معلقة. وتوفي هيوز فان إليس، أصغر الناجين، في أكتوبر 2023.[51] وكشف تقرير صدر عن مركز بيو للأبحاث في 10 أغسطس 2023 أن 83 في المائة من الأمريكيين المنحدرين من أصل أفريقي قالوا إن الحكومة الأمريكية لم تبذل جهودا كافية لضمان المساواة العرقية.[52] لذا، فإن العديد من السكان المنحدرين من أصل أفريقي غير الراضين عن السياسات والتمييز العنصري في الولايات المتحدة اختاروا المغادرة. وأسس أولئك الذين غادروا الولايات المتحدة مجتمعات جديدة في البرتغال وغانا وكولومبيا والمكسيك، والتي أصبح اتجاها يعرف باسم "بلاكسيت"، وهو مصطلح يجمع بين كلمتي "السود" و"الخروج"، وقد انتشر على نطاق واسع على وسائل التواصل الاجتماعي. وإنهم يهتفون قائلين "أمريكا لا تستحقني!"[53]

ازدادت حدة التمييز ضد الآسيويين. فقد أظهر استطلاع للرأي

أجراه مركز بيو للأبحاث في 30 نوفمبر 2023 أن ما يقرب من 60 في المائة من الأمريكيين المنحدرين من أصل آسيوي قالوا إنهم واجهوا التمييز بسبب عرقهم أو انتمائهم العرقي.[54] ووجد استطلاع للرأي نشرته وكالة ((أسوشيتد برس)) أن 51 في المائة من الأمريكيين الآسيويين وسكان جزر المحيط الهادئ يرون أن العنصرية مشكلة "بالغة الخطورة" أو "خطيرة جدا" في الولايات المتحدة.[55] وأشار استطلاع للرأي صدر في 27 أبريل 2023 عن كلية الخدمة الاجتماعية التابعة لجامعة كولومبيا ولجنة 100، وهي منظمة غير حكومية، إلى أن ما يقرب من ثلاثة أرباع الأمريكيين من أصل صيني تعرضوا للتمييز العنصري في العام الماضي، وأن 55 في المائة صاروا يخشون من أن تُعرض جرائم الكراهية أو التحرش سلامتهم الشخصية للخطر.[56]

استمرت عملية اضطهاد العلماء الصينيين. فعلى الرغم من تعليق "مبادرة الصين" التي أطلقتها الحكومة الأمريكية واستهدف العلماء الصينيين، إلا أن الآثار بعيدة المدى للبرنامج ظلت محسوسة، وظل العديد من العلماء الصينيين يشعرون بإحساس قوي بعدم الأمان. ووصف مقال نُشر في 23 مارس 2023 بمجلة ((ساينس)) عملية اضطهاد العلماء الصينيين في إطار "مبادرة الصين". فمن بين 246 شخصا تم التحقيق معهم من قبل معاهد الصحة الوطنية في الولايات المتحدة، فقد 103 منهم وظائفهم ومُنع أكثر من خُمسهم من التقدم للحصول على تمويل جديد من المعاهد الوطنية للصحة لمدة أربع سنوات، الأمر الذي وجه ضربة كبيرة لحياتهم المهنية الأكاديمية. وكان 81 في المائة من هؤلاء العلماء، البالغ عددهم 246 عالما، من الآسيويين.[57] وكشف

استطلاع للرأي شمل حوالي 1400 أمريكي من أصل صيني يعملون في مناصب ثابتة أو بعقود دائمة في الجامعات الأمريكية وأجرته جامعة برينستون وجامعة هارفارد ومعهد ماساتشوستس للتكنولوجيا أن 72 في المائة عبروا عن شعورهم بعدم الأمان و42 في المائة صاروا يخشون إجراء أبحاث في الولايات المتحدة.[58]

تعرض الطلاب الصينيون الذين يدرسون في الولايات المتحدة لمعاملة كابوسية في إدارة الجمارك الأمريكية. ففي السنوات الأخيرة، استمرت الحكومة الأمريكية في تعميم ما يسمى بمفهوم "الأمن القومي"، وتسييس البحوث الأكاديمية وتسليحها، واختلاق أعذار مختلفة لعرقلة التبادل والتعاون الدولي على صعيد التواصل الشعبي والأصعدة الثقافية والعلمية والتكنولوجية. وقد ذكرت صحيفة ((تشاينا ساينس ديلي)) في 11 يناير 2024 أن عددا من الطلاب الصينيين تعرضوا لمعاملة غير معقولة وغير إنسانية في إدارة الجمارك الأمريكية، ولم يتمكنوا من إكمال دراستهم كما كان مقررا. فقد اُحتجزت طالبة صينية تحمل الاسم المستعار "منغ في" من قبل إدارة الجمارك الأمريكية لمدة 20 ساعة في حالتين منفصلتين بمطار واشنطن دالاس الدولي يوم 19 ديسمبر عام 2023، ثم اُحتجزت لمدة خمس ساعات أخرى قبل أن يتم ترحيلها عندما سافرت جوا إلى لوس أنجليس لانتظار رحلة مكمّلة. وخلال هذه الفترة، لم تُجبر فقط على التوقيع على "قبول الترحيل" تحت وطأة الإكراه من جانب ضابط التحقيقات وتحت مراقبة شديدة من جانب اثنين من ضباط الشرطة المسلحين بالبنادق وهراوات الصعق، بل تعرضت أيضا لتفتيش

جسدي مهين و12 ساعة من الحبس الانفرادي. كما طلب أحد المفتشين في إدارة الجمارك الأمريكية بمطار دالاس الدولي في 24 نوفمبر 2023 من طالبة صينية تحمل الاسم المستعار "وي نا" من جامعة جونز هوبكنز قبول ترحيلها على أساس أن السفارة الأمريكية في الصين قد ألغت تأشيرتها قبل يومين من وصولها. غير أن "وي نا" اتصلت بالسفارة الأمريكية في الصين عدة مرات بعد عودتها إلى الصين، ولكن قيل لها أن تأشيرتها لم تلغ من قبل السفارة، بل من قبل إدارة الجمارك الأمريكية. وقال عدد من الطلاب الصينيين الذين تعرضوا للتجربة نفسها إن محاضر أقوالهم بإدارة الجمارك الأمريكية قد تم العبث بها، إما عن قصد أو غير قصد. وطلبوا المساعدة من مختلف القطاعات لاستكمال دراستهم، ولكن حتى عندما اتصلت المؤسسات التعليمية الأمريكية الملتحقين بها بإدارة الجمارك الأمريكية، لم تتلق تلك المؤسسات أي رد فعال، واضطر بعضهم إلى اختيار الانسحاب من دراستهم.[59]

ظل إرث انتهاكات حقوق الأمريكيين الأصليين قائما. فقد أفادت وكالة ((أسوشيتد برس)) في 6 نوفمبر 2023 بأنه على مدى أكثر من 150 عاما، تم إبعاد أطفال الأمريكيين الأصليين عن مجتمعاتهم وإجبارهم على الالتحاق بالمدارس الداخلية، التي أساءت معاملة الطلاب من أجل دمجهم في مجتمع البيض، وبأن الصدمة التي سببتها هذه المدارس قد امتدت عبر الأجيال، ما ساهم في ظهور مشكلات مثل إدمان الخمور وإدمان المخدرات والاعتداء الجنسي.[60] وذكرت شبكة ((سي إن إن)) في 22 نوفمبر 2023 أن الأمريكيين الأصليين عاشوا لقرون في حالة مستمرة من القمع الثقافي، مع خنق

معتقداتهم الدينية وممارساتهم التقليدية بلا رحمة. ففي أغسطس 2023، أُجبر صبي هندي يبلغ من العمر ثماني سنوات من قبل المدرسة التي يدرس فيها على قص شعره الطويل. ولكن وفقا للتقاليد الثقافية لمجموعة وياندوت العرقية، التي ينتمي إليها هذا الصبي، لا يتم قص الشعر الطويل إلا عند وفاة الأحباء.[61] وأشار تقرير صدر عن المعهد الوطني لعلوم الصحة البيئية في 20 نوفمبر 2023 إلى أن الهنود الأمريكيين وسكان ألاسكا الأصليين يعانون من ضعف مزمن في الصحة مقارنة بالمجموعات العرقية الأخرى في الولايات المتحدة، أما انخفاض متوسط العمر المتوقع للأمريكيين الأصليين والعبء الطبي الثقيل الواقع على كاهلهم فقد كانا من المشكلات واسعة الانتشار.[62] بدورها قالت ترولا آن برونينجر، الرئيسة التنفيذية لـ((نيتف أمريكان كونيكشن))، إن هناك نقصا خطيرا في أموال التأمين الطبي المخصصة للسكان الأصليين. وعلى الرغم من أن الحكومة الفيدرالية الأمريكية توفر التأمين الطبي للسكان الأصليين، إلا أن هناك فجوة بين الأموال والاحتياجات من حيث القيمة الحقيقية.[63] ومن جانبها تقدم الخدمة الصحية الهندية، وهي وكالة تابعة لوزارة الصحة والخدمات الإنسانية الأمريكية، رعاية صحية ممولة فيدراليا إلى ما يقرب من 2.6 مليون من الأمريكيين الأصليين، ولكن هذا العدد يمثل أقل من 50 في المائة من الهنود الأمريكيين وسكان ألاسكا الأصليين في البلاد. كما يعاني الهنود الأمريكيون وسكان ألاسكا الأصليون من أعلى معدلات الافتقار إلى التغطية التأمينية الصحية مقارنة بالمجموعات الإثنية الأخرى.[64]

واجهت الأقليات العرقية تمييزا في مكان العمل. فقد أشار تقرير

عن تجارب مقابلات العمل للمرشحين لشغل وظائف لعام 2023 أجرته ((غرين هاوس))، وهي شركة برمجيات توظيف أمريكية، إلى أن التمييز في عملية التوظيف "أمر مثير للجزع للغاية". فقد واجه 34 في المائة من الباحثين عن عمل أسئلة تمييزية في إحدى المقابلات، كما حاول واحد من كل خمسة تقريبا تجنب ممارسات التوظيف التمييزية من خلال تغيير أسمائهم في سيرتهم الذاتية. وأن 45 في المائة من الباحثين عن عمل الذين غيروا أسمائهم فعلوا ذلك لكي يصبح "انتمائهم العرقي أقل وضوحا".[65] وكشف الموقع الإلكتروني لصحيفة ((غارديان)) البريطانية في 23 أبريل 2023 أن الحكومة الأمريكية تهربت عمدا من مسؤوليتها عن حماية العمال واستغلت العمال المنتمين إلى الأقليات على مدى عقود. أما بالنسبة للعاملين في مجال التمريض من الملونين في نيويورك، فهم لم يجبروا على العمل لساعات طويلة فحسب، وإنما تقاضوا أيضا أجورا متدنية. وعاني العديد من العاملين في مجال التمريض من الأرق والأمراض المزمنة وغيرها من الأمراض. وقد ألحق ذلك أضرارا جسيمة بالعاملين في مجال التمريض وعائلاتهم.[66] ويحاول العمال المنتمون إلى الأقليات العرقية الكفاح من أجل حماية حقوقهم من خلال قنوات مختلفة، ولكن دون أن يحالفهم النجاح بسبب العقبات التي تضعها بعض جماعات المصالح.[67] وقد أفاد تقرير صدر عن ((فوكس نيوز)) في 12 يونيو 2023 بأنه في الولايات المتحدة، يحصل الأمريكيون المنحدرون من أصل أفريقي دائما على دخل أقل من البيض. وهذا التناقض يعني أن الوقت الأسود – نفس الوقت الذي سُرق بفعل التمييز العنصري – أقل قيمة بشكل ملحوظ من الوقت الأبيض. ولسد الفجوة في الأجور الناجمة

عن التمييز، يجب على العامل الأسود أن يكدح 2.7 ساعة إضافية كل يوم.[68]

انتشرت الأيديولوجية العنصرية بشراسة في الولايات المتحدة وامتدت عبر الحدود. ومع تفاقم مشكلة العنصرية في الولايات المتحدة، أظهر انتشار الأيديولوجيات والخطابات العنصرية أيضا اتجاها جديدا. فقد فتح العنصريون فضاء جديدا للتواصل على شبكة الإنترنت، مستخدمين وسائل التواصل الاجتماعي والموسيقى والألعاب وغيرها من المنصات لارتكاب انتهاكات ومضايقات على نطاق واسع ضد الأقليات العرقية.[69] وكان المسلح الذي قتل 10 أشخاص من السود في سوبر ماركت في بوفالو بولاية نيويورك في مايو 2022 قد نشر على ((ديسكورد))، وهو مجتمع لتطبيقات الدردشة والألعاب، تدوينة يقول فيها إن لعبة على منصة ألعاب ((روبلوكس)) أثرت عليه ودفعته إلى التطرف.[70] وفي يوليو 2023، حاول صبي أبيض يبلغ من العمر 14 عاما في ولاية ماساتشوستس "انطلاقا من دوافع عنصرية" إغراق صبي أمريكي من أصل أفريقي، وأطلق فتيان بيض آخرون كانوا متواجدين وقت الحادث على الضحية اسم "جورج فلويد".[71] وقد أظهرت العنصرية في الولايات المتحدة اتجاها نحو الانتشار عبر الحدود الوطنية وأصبحت مصدرا رئيسيا للعنصرية المتطرفة، ما دفع العديد من البلدان إلى توخي اليقظة. ونشر بروس هوفمان وجاكوب وير، زميلا مجلس العلاقات الخارجية الأمريكي، مقالا على الموقع الإلكتروني لمجلة ((فورين أفيرز)) في 19 سبتمبر 2023 بعنوان ((الكراهية الأمريكية تتجه نحو العالمية))، قالا فيه إن الولايات المتحدة أصبحت دولة نموذجية في تصدير التطرف والإرهاب اليميني المتطرف. وقد انتشرت

نظريات المؤامرة ونظريات التفوق العرقي والتطرف المناهض للحكومة وغيرها من أشكال الكراهية والتعصب في الولايات المتحدة لدرجة أن بعض الدول صنفت جماعات أمريكية ومواطنين أمريكيين بأنهم إرهابيون أجانب.[72]

ثالثا- تنامي التفاوت الاقتصادي والاجتماعي

إن الولايات المتحدة لا تفتقر إلى أحكام دستورية بشأن الحق في العمل والتعليم والصحة فحسب، وإنما ترفض أيضا التصديق على العهد الدولي الخاص بالحقوق الاقتصادية والاجتماعية والثقافية. ويجري إلقاء اللائمة على الفقراء في مسألة الوقوع في "مصيدة الفقر" بسبب "كسلهم"، وتوصم الحقوق الاقتصادية والاجتماعية والثقافية بأنها "جبن المترفين". كما تنتشر ظاهرة "العمالة الفقيرة"، وتزداد الفجوة بين الأغنياء والفقراء اتساعا.

اتسعت الفجوة بين الأغنياء والفقراء أكثر فأكثر. وبلغت الفجوة بين الأغنياء والفقراء في الولايات المتحدة أسوأ مستوياتها منذ الكساد العظيم في عام 1929. ووفقا للبيانات الصادرة عن ((ستاتيستا)) في 3 نوفمبر 2023، وصل معدل الفقر في الولايات المتحدة في عام 2022 إلى 11.5 في المائة.[73] واستنفدت أدنى 80 في المائة من الأسر الأمريكية منخفضة الدخل مدخراتها الفائضة بحلول يونيو 2023، ولكن المدخرات النقدية لأغنى 20 في المائة ظلت أعلى بنسبة حوالي 8 في المائة مما كانت عليه في بداية الجائحة، وفقا لأحدث دراسة أجراها مجلس الاحتياطي الفيدرالي الأمريكي حول الشؤون المالية للأسر.[74] وفي الربع الثالث من عام 2023، كانت 66.6 في المائة من

إجمالي الثروة في الولايات المتحدة مملوكة لأعلى 10 في المائة من أصحاب الدخل. وفي المقابل، يملك أدنى 50 في المائة من أصحاب الدخل 2.6 في المائة فقط من إجمالي الثروة.[75] وقد أشار الخبير الاقتصادي الأمريكي ماثيو ديزموند إلى أن أغلب الأمريكيين عملوا بجد في عام 2023، ولكن الأثرياء ازدادوا ثراء، وأولئك الذين يكافحون في قاع المجتمع أصبحوا مكبلين بفقر عميق الجذور. إن تراكم الفرص وتراجع الحراك الاجتماعي في المجتمع الأمريكي متجذّر في تصميم مؤسسي ثلاثي ألا وهو: استغلال الفقراء، ودعم الأغنياء، وفصل الطبقات الاجتماعية. [76]

برزت قضية "العمالة الفقيرة" بوضوح. فقد شهد سوق العمل الأمريكي تغييرات منهجية، شابها تدني الأجر وغياب الإشراف.[77] فهناك عدد كبير من أفراد "العمالة الفقيرة" يكدحون طوال اليوم، ولكن أجورهم بالكاد تكفي لتلبية احتياجاتهم الأساسية، وهم يفتقرون إلى تغطية كافية من الضمان الاجتماعي. ولم يتم رفع الحد الأدنى الفيدرالي للأجر بالساعة منذ عام 2009.[78] وقد كشفت وزارة العمل الأمريكية أن 20 ولاية ظلت في عام 2023 عند خط الأساس للأجور الفيدرالية.[79] وهناك أكثر من 29.9 مليون شخص، من بينهم 14.8 مليون طفل، يعيشون في 11.5 مليون أسرة عاملة منخفضة الدخل في الولايات المتحدة.[80] وقد أدى التفاوت في نمو دخل العمل إلى إضرابات واسعة النطاق في العديد من الصناعات. ففي عام 2023، شهدت الولايات المتحدة أوسع موجة من الإضرابات منذ القرن الـ21، واندلعت إضرابات واسعة النطاق في العديد من الصناعات بما في ذلك السينما والتليفزيون والتصنيع والرعاية

الطبية ووسائل الإعلام.[81] وفي هذا الصدد، قال بنيامين نيومان، الأستاذ المشارك في كلية السياسة العامة والسياسات بجامعة كاليفورنيا، إن أفراد "العمالة الفقيرة" العالقين في فقر هيكلي يفتقرون إلى تكافؤ الفرص ويصعب عليهم التقدم إلى الأمام، وهو ما يضعف إلى حد كبير من إيمانهم بـ"الحلم الأمريكي".[82]

بالكاد استطاعت الأسر ذات الدخل المنخفض تلبية احتياجاتها الأساسية. ومع استمرار ارتفاع أسعار السلع الأساسية في الولايات المتحدة في عام 2023، واقتران ذلك بالعبء المتمثل في الزيادات المستمرة في أسعار الفائدة، فإن تكاليف معيشة الأمريكيين مضت في اتجاه صعودي لسنوات عديدة. ووفقا لمؤشر أسعار المستهلك الصادر عن مكتب إحصاءات العمل، يمكن للدولار في عام 2023 شراء نحو 70 في المائة مما كان بإمكانه أن يشتريه في عام 2009. وقد واجهت الأسر التي تحصل على الحد الأدنى للأجور صعوبة في دفع الإيجار وشراء السلع المنزلية الأساسية، بما في ذلك منتجات البقالة. حتى أن الكثير من تلك الأسر استنفدت مدخراتها ووقعت في براثن ديون أعمق.[83] ووفقا لاستطلاع للرأي أجرته صحيفة ((فاينانشال تايمز)) وكلية روس لإدارة الأعمال بجامعة ميشيغان، قال 74 في المائة من الأمريكيين إن ارتفاع أسعار المواد الغذائية كان له التأثير الأكبر على مواردهم المالية.[84] وقد ارتفعت ديون الأسر بنسبة 1.3 في المائة لتصل إلى 17.29 تريليون دولار في الربع الثالث، حسبما أفاد التقرير الفصلي الصادر عن مجلس الاحتياطي الفيدرالي في نيويورك حول ديون الأسر والائتمان في 7 نوفمبر 2023. وكشف التقرير

أن معدل تخلّف الأسر عن السداد أو دخولها في حالة تخلّف خطيرة عن السداد (تخلّف يصل إلى 90 يوما أو أكثر) على بطاقات الائتمان الخاصة بها هو الأعلى منذ نهاية عام 2011.[85]

بلغ التشرد أعلى مستوى له منذ 16 عاما. ووفقا لتقرير صدر عن وزارة الإسكان والتنمية الحضرية الأمريكية في 15 ديسمبر 2023، تجاوز عدد المشردين في الولايات المتحدة في تلك المرحلة 650 ألف شخص، وهو الأعلى منذ بدء تسجيل عددهم في عام 2007. وعاش 40 في المائة من المشردين في الشوارع بلا مأوى أو في مبانٍ مهجورة أو في أماكن أخرى غير مخصصة لسكن البشر.[86] ولم يكافح المشردون من أجل البقاء فحسب، بل واجهوا أيضا تزايد خطر تعرضهم للإدانة الجنائية.[87] ووجد تقرير صادر عن مركز القانون الوطني لمكافحة التشرد أن عددا متزايدا من المدن في الولايات المتحدة شددت تشريعاتها ضد المشردين. وفي الفترة من عام 2006 إلى عام 2019، زاد الحظر المفروض على التخييم على مستوى المدن بنسبة 92 في المائة؛ وعلى النوم في الأماكن العامة بنسبة 50 في المائة؛ وعلى الجلوس والاستلقاء في الأماكن العامة بنسبة 78 في المائة؛ وعلى التسكع بنسبة 103 في المائة، وعلى المبيت في السيارات بنسبة 213 في المائة.[88] ووفقا لهذه القوانين، لا يجوز للمشردين النوم والتخييم والأكل والجلوس والتسول في الأماكن العامة.[89] وللسلطات الحق في طردهم من الأماكن العامة؛ ومصادرة ممتلكاتهم وتدميرها؛ وعزلهم في مراكز وسجون جماعية غير صحية وغير إنسانية في كثير من الأحيان.[90] وقوبل هذا الانتهاك لحقوق الإنسان الأساسية للمشردين في الولايات المتحدة بالنقد

على نطاق واسع. فقد قامت لجنة الأمم المتحدة لحقوق الإنسان بحث الولايات المتحدة على إلغاء القوانين والسياسات التي تجرم التشرد على جميع المستويات، واعتماد إجراءات تشريعية وغيرها من الإجراءات التي تحمي حقوق الإنسان للمشردين.[91]

واجه عدد كبير من الأسر نقصا في الغذاء. فقد أدى التفاوت بين الأغنياء والفقراء والعمالة الفقيرة والافتقار إلى شبكة ضمان اجتماعي إلى عودة ظهور الجوع وانعدام الأمن الغذائي في الولايات المتحدة. وعانت حوالي 13 في المائة من الأسر الأمريكية من انعدام الأمن الغذائي في عام 2022، وهو أعلى بكثير مما كان عليه الحال في عام 2021، وفقا لتقرير صادر عن وزارة الزراعة الأمريكية.[92] وهذا يعني أن 44.2 مليون أمريكي كافحوا من أجل تلبية احتياجاتهم الغذائية، بما في ذلك 13 مليون طفل.

استمر تعاطي المخدرات والمواد المخدرة في التفشي. واستخدمت جماعات المصالح سياسة التحزب والمال لإعطاء رشوة سياسية بهدف الدفع نحو إضفاء الشرعية على الماريجوانا. وحتى ديسمبر 2023، قامت 24 ولاية بإضفاء الشرعية على الاستخدام الترفيهي للحشيش في أمريكا.[93] ووفقا لـ((برايتفيلد غروب))، وهي شركة رائدة في أبحاث القنب، من المقدر أن يحقق سوق القنب في الولايات المتحدة مبيعات سنوية تصل إلى أكثر من 31.8 مليار دولار بحلول نهاية عام 2023، لتنمو إلى مبيعات سنوية قدرها 50.7 مليار دولار بحلول عام 2028.[94] ووفقا لدراسة أجرتها المعاهد الوطنية للصحة بالولايات المتحدة في أغسطس 2023، وصلت نسبة التقارير

الواردة عن استخدام الماريجوانا والمهلوسات في عام 2022 بين البالغين الذين تتراوح أعمارهم بين 35 و50 إلى 28 في المائة و4 في المائة على التوالي، وهو أعلى مستوى مسجل. وبالنسبة للبالغين الذين تتراوح أعمارهم بين 19 و30 عاما، أُفيد بتعاطي 44 في المائة منهم للماريجوانا في السنة السابقة؛ وأُفيد بتعاطي 11 في المائة منهم للماريجوانا يوميا؛ وأفيد بتعاطي 8 في المائة منهم للمهلوسات في السنة السابقة.[95] ووفقا لدراسة استقصائية أجرتها إدارة خدمات تعاطي المخدرات والصحة العقلية في الولايات المتحدة، تعاطى أكثر من 70 مليون أمريكي تبلغ أعمارهم 12 عاما أو أكثر في عام 2022 المخدرات غير المشروعة. من بينهم، هناك 61.9 مليون شخص تعاطوا الماريجوانا.[96] ووفقا دراسة استقصائية نشرتها جامعة ميشيغان في ديسمبر 2023، أُفيد بتعاطي 10.9 في المائة من طلاب الصف الثامن، و19.8 في المائة من طلاب الصف العاشر، و31.2 في المائة من طلاب الصف الثاني عشر نوعا من أنواع المخدرات غير المشروعة في عام 2023.[97]

استمرت معدلات الانتحار في الارتفاع. فوفقا لتقرير نُشر على الموقع الإلكتروني لصحيفة ((يو إس إيه توداي)) في 29 نوفمبر 2023، ارتفع معدل الانتحار بين الأمريكيين بشكل مطرد على مدى العقود الماضية. ووصل معدل الانتحار لكل 100 ألف شخص في عام 2022 إلى 14.3، وهو أعلى معدل منذ عام 1941. وتشير التقديرات إلى أن 49449 شخصا لقوا حتفهم جراء الانتحار في عام 2022، بزيادة قدرها 2.6 في المائة مقارنة بعام 2021، حسبما أفاد تقرير صادر عن مراكز مكافحة الأمراض والوقاية منها.[98] وتزايدت

معدلات الانتحار بين الشباب السود بشكل مطرد، حيث ارتفعت بنسبة 36.6 في المائة في الفترة من عام 2018 إلى عام 2021 بين أولئك الذين تتراوح أعمارهم بين 10 و24 عاما، وهي أكبر قفزة مئوية بين جميع الفئات السكانية.[99]

رابعا- انتهاكات مستمرة لحقوق المرأة والطفل

لا يحظر الدستور الأمريكي التمييز القائم على نوع الجنس، والذي ينتشر في مكان العمل ويؤدي إلى اتساع الفجوة في الأجور بين الجنسين، فضلا عن عدم كفاية الحماية لحقوق المرأة في الحياة والصحة. ولطالما سجلت الولايات المتحدة أعلى معدل لوفيات الأمهات بين الدول المتقدمة، وزاد من حدته الحظر المفروض على الإجهاض الذي ينتهك بشكل خطير الحقوق الإنجابية والصحية للمرأة. وقد ظل العنف القائم على نوع الجنس مستمرا في أماكن العمل والمدارس وغيرها من الميادين. أما حق الأطفال في الحياة والنمو والصحة فقد اُنتهك على نحو منهجي مع ارتفاع أعداد الأطفال الذين يعيشون في فقر وبدون تأمين طبي.

إن الحظر الدستوري للتمييز القائم على نوع الجنس غائب منذ فترة طويلة. ولم يدخل "تعديل الحقوق المتساوية"، الذي يضمن المساواة في الحقوق، حيز النفاذ بعد أكثر من نصف قرن منذ موافقة الكونغرس على نصه في عام 1972. فقد نتج هذا الجهد التشريعي عن صعود حركة الحقوق المدنية في الخمسينيات والستينيات. وفي أبريل 2023، فشل مجلس الشيوخ الأمريكي في دفع قرار لإلغاء الموعد النهائي للتصديق عليه.[100] وأعربت لجنة حقوق الإنسان التابعة للأمم المتحدة عن أسفها لعدم وجود ضمان صريح في

دستور الولايات المتحدة ضد التمييز القائم على الجنس ونوع الجنس.[101]

سجلت الولايات المتحدة أعلى معدل لوفيات الأمهات بين الدول الصناعية، وهذا المعدل يتجاوز بكثير نظيره بالدولة التي تأتي في المرتبة الثانية. ووفقا لبحث نُشر في ((مجلة الجمعية الطبية الأمريكية)) في يوليو 2023، فقد زاد عدد النساء اللواتي يمتن لأسباب تتعلق بالحمل في الولايات المتحدة بواقع أكثر من الضعف في السنوات الـ20 الماضية.[102] وإن أكثر من 2.2 مليون امرأة في سن الإنجاب بالولايات المتحدة لا يحصلن على خدمات الرعاية التوليدية، فيما تعيش 4.8 مليون امرأة أخرى في مقاطعات إمكانية الحصول على خدمات رعاية الأمومة فيها محدودة. ففي ولاية ألاباما، على سبيل المثال، لا يوجد في حوالي 39 في المائة من المقاطعات أي من مقدمي خدمات رعاية الأمومة، وتعيش أكثر من 240 ألف امرأة في مقاطعات بها قدر ضئيل أو معدوم من خدمات رعاية الأمومة المضمونة.[103]

لقد ألحق الحظر المفروض على الإجهاض أضرارا فادحة بالحقوق الإنجابية والصحية للمرأة. ففي عام 2022، ألغت المحكمة العليا الأمريكية قضية رو ضد وايد (1973) التي كفلت الحق الدستوري في الإجهاض، وهي ضربة قاصمة لحقوق الصحة الإنجابية لملايين النساء. وحتى ديسمبر 2023، حظرت ما لا يقل عن 21 ولاية في الولايات المتحدة الإجهاض أو قيدته بشدة، حيث صار الإجهاض الآمن غير متاح إلى حد كبير. وأشار خبراء أمميون إلى أن قرار المحكمة العليا الأمريكية يحرم النساء والفتيات من حقهن الإنساني الأساسي في الرعاية الصحية الشاملة بما في ذلك الصحة

الجنسية والإنجابية، في انتهاك للقانون الدولي لحقوق الإنسان.[104] وتُجرم بعض قوانين الولايات الإجهاض، بما في ذلك حظر السفر خارج الولاية للإجهاض، سواء عن طريق العقاقير أو الجراحة.[105]

كثُرَ شيوع العنف ضد المرأة. فقد أشارت لجنة حقوق الإنسان التابعة للأمم المتحدة إلى أن العنف ضد النساء والفتيات، بما في ذلك العنف المنزلي والجنسي، ظل مستمرا في الولايات المتحدة، بما في ذلك في المدارس ومؤسسات التعليم العالي والقوات المسلحة.[106] وكشفت تحقيقات جرت في جامعة ولاية كاليفورنيا، أكبر جامعة عامة في البلاد، عن وجود سوء سلوك جنسي واسع النطاق في أحرمها الجامعية البالغ عددها 23. وأن مسؤولي الحرم الجامعية لم يحققوا في معظم اتهامات سوء السلوك الجنسي التي تلقونها. وفي الحالات القليلة التي جرى التحقيق فيها، لم يُتخذ أي إجراء حتى عندما ثبتت إدانة المتهم. فقد اُتهم ما لا يقل عن 1251 موظفا جامعيا بالتحرش الجنسي في الفترة من عام 2018 إلى عام 2022، ولكن لم يتم التحقيق سوى في 254 شكوى.[107] كما طالت الفضائح فرق كرة الطائرة وكرة القدم والكرة اللينة والبيسبول وغيرها من الفرق الرياضية في جامعة نورث ويسترن، حيث قال المبلغون إن الاعتداء الجنسي والتمييز العنصري متفشيان.[108] ووفقا للبيانات الصادرة عن مكتب التحقيقات الفيدرالي، تقتل أكثر من 600 امرأة أمريكية بالرصاص على يد شريك حميم كل عام، بمعدل امرأة واحدة كل 14 ساعة.[109]

شهد التمييز على أساس نوع الجنس تفشيا في مكان العمل. واستمرت فجوة الأجور بين الرجال والنساء في الاتساع، من 20.3 في المائة

في عام 2019 إلى 22.2 في المائة في عام 2022، حسبما أفاد تقرير صدر عن صحيفة ((التايمز)) في 8 أغسطس 2023.[110] كما انتشر التمييز بسبب الحمل على نطاق واسع، وهو ما أجبر حوالي 54 ألف امرأة في الولايات المتحدة على ترك وظائفهن سنويا، وفقا لما ذكرته صحيفة ((إندبندنت)) نقلا عن لجنة المساواة وحقوق الإنسان في 11 مايو 2023.[111]

أخذ فقر الأطفال في التصاعد. فوفقا لتقرير صدر عن مكتب الإحصاء الأمريكي في سبتمبر 2023، ارتفع الفقر في الولايات المتحدة في عام 2022،[112] ووقع أكثر من 5 ملايين طفل أمريكي في براثن الفقر في ذلك العام، ما أدى إلى زيادة معدل فقر الأطفال بواقع أكثر من الضعف، وهي زيادة تاريخية في غضون عام واحد ترجع إلى حد كبير إلى انتهاء العمل بالتحسينات التي أُدخلت على الإعفاء الضريبي للأطفال.[113]

تم إلغاء عدد كبير من التأمين الصحي للأطفال. ففي الفترة ما بين أبريل وأكتوبر 2023، تم استبعاد حوالي 10 ملايين من البالغين والأطفال من برنامج التأمين الصحي ميديكيد التابع للحكومة الفيدرالية. وقالت كاميل ريتشو، مديرة فرع (منظمة المدافعين عن السياسات الصحية للطفل والأسرة) بولاية أركنساس، إن "هذا الاستبعاد (إعادة النظر في أهلية جميع المستفيدين) لم يكن يتعلق بتحديد من هو مؤهل بكل الوسائل الممكنة، وإنما بالكيفية التي يمكننا بها استبعاد الناس بكل الوسائل الممكنة". وقد كان أثر ذلك على صحة الأطفال هائلا. فعلى الصعيد الوطني، قامت الولايات بشطب ما لا يقل عن 1.8 مليون طفل من هذا البرنامج في الولايات الـ20 التي تتوافر عنها بيانات مصنفة

حسب العمر.[114]

يجري فقدان آلاف الأطفال بالتبني سنويا. فقد كشفت مراجعة نُشرت في عام 2023 من قبل وزارة الصحة والخدمات الإنسانية الأمريكية أنه في 46 ولاية، لم تقم الوكالات في تلك الولايات بالإبلاغ عما يقدر بنحو 34800 حالة فقدان لأطفال بالتبني. وفي ولاية جورجيا، فُقد ما يقرب من 1800 طفل موجود تحت رعاية الولاية بين عامي 2018 و2022، ووفقا لتحليل جديد أجراه المركز الوطني للأطفال المفقودين والمستغلين، من المرجح أن يكون أكثر من 20 في المائة منهم قد تم الاتجار بهم.[115]

تعرض الأطفال في نظام قضاء الأحداث لممارسات لا إنسانية.

وبات نظام العدالة الجنائية في الولايات المتحدة يعج ببعض الممارسات اللاإنسانية، وفقا لما ذكرته دراسة استقصائية أجرتها الآلية الدولية للخبراء المستقلين المعنية بالنهوض بالعدالة والمساواة العرقيتين في سياق إنفاذ القانون والتابعة لمجلس الأمم المتحدة لحقوق الإنسان في أكتوبر 2023. كما أن الولايات المتحدة هي البلد الوحيد في العالم الذي يحكم على الأطفال بالسجن مدى الحياة دون إمكانية الإفراج المشروط.[116] وفي ولاية جورجيا الأمريكية، طلب رئيس وكالة رعاية الأطفال بالولاية من القضاة إبقاء بعض الأطفال محبوسين بشكل غير لائق في مراكز احتجاز الأحداث.[117] ومنذ أكتوبر 2022، تم نقل ما يصل إلى 80 طفلا إلى سجن أنغولا المعروف بالعنف في لويزيانا، وإيداعهم في زنازين كان السجناء المحكوم عليهم بالإعدام ينتظرون بداخلها حلول موعد تنفيذ حكم الإعدام فيهم.[118] وعلى الرغم من فصل الأحداث عن السجناء البالغين، إلا أنهم

يعانون من موجات حر خطيرة، وفترات حبس طويلة في زنازينهم، ومياه صرف صحي كريهة، وعدم كفاية التعليم المدرسي.[119]

شهدت الحالات المتعلقة بالاعتداء الجنسي على الأطفال انتشارا كبيرا. في أوائل عام 2023، أصدر مكتب المدعي العام في ولاية ماريلاند تقريرا لاذعا عن حدوث اعتداء جنسي على الأطفال داخل أبرشية بالتيمور، يوضح بالتفصيل أكثر من 600 حالة اعتداء. وأظهر تحليل أجرته وكالة ((أسوشيتد برس)) أنه من بين 27 أبرشية في الأبرشيات الأسقفية التي تضم عددا كبيرا من السكان السود، هناك على الأقل 19 أبرشية كان لديها في السابق قساوسة متهمون بالاعتداء الجنسي، إلا أن ضحايا الاعتداء الجنسي لم تتح لهم سوى فرصة ضئيلة للتحدث علانية.[120] وبحسب تقرير صادر عن مراكز مكافحة الأمراض والوقاية منها، قالت واحدة من كل 10 فتيات مراهقات في الولايات المتحدة إنهن تعرضن للاغتصاب، أما فتيات المدارس الثانوية "فقد اجتاحتهن موجة متزايدة من العنف والصدمات النفسية".[121]

خامسا- معاناة موجعة للمهاجرين غير الموثقين

أصبح الصراع السياسي من أبرز ملامح سياسة الهجرة الأمريكية. فقد تخلى الساسة عن حقوق المهاجرين ورفاههم، وانخرطوا في هجمات مسببة للشقاق ضد بعضهم البعض فيما يتصل بقضايا الهجرة. وفشلوا في تحسين القدرة على إعادة التوطين في المناطق الحدودية أو في إبداء التزام حقيقي بتحسين الظروف المعيشية للمهاجرين. وهكذا انزلقت قضية الهجرة في حلقة

مفرغة دون إيجاد حل لها. وأخذت الأزمة الإنسانية المتصاعدة في المناطق الحدودية تتفاقم بسبب السياسات التي تدعم عن غير قصد الرق الحديث، ما أدى إلى انتهاكات واسعة النطاق لحقوق المهاجرين.

تصاعدت الأزمة الإنسانية على طول الحدود. فقد دأبت الحكومة الأمريكية على تقديم وعود فارغة بشأن سياسة الهجرة، ما أدى إلى تفاقم الأزمة الإنسانية في المنطقة الحدودية. ووفقا لوكالة الهجرة التابعة للأمم المتحدة، تعتبر الحدود بين الولايات المتحدة والمكسيك أكثر طرق الهجرة البرية دموية في العالم.[122] وفي 30 نوفمبر 2023، أفادت صحيفة ((إل باسو تايمز)) بأن ما لا يقل عن 149 مهاجرا لقوا حتفهم في منطقة الدوريات الحدودية في إل باسو خلال العام المالي 2023. وقد ارتفع عدد النساء اللواتي توفين هناك بواقع أكثر من الضعف منذ عام 2022. وكان عناصر حرس الحدود يعثرون أحيانا على جثتين أو ثلاث جثث يوميا. وقال المتحدث باسم حاكم ولاية تكساس غريغ أبوت إن "ما يحدث في قطاع إل باسو هو نتيجة مباشرة للفوضى غير المستدامة التي أطلقها الرئيس بايدن على الحدود". وقال فرناندو غارسيا، المدير التنفيذي لشبكة الحدود لحقوق الإنسان ومقرها إل باسو "نحن بحاجة إلى الإقرار أولا بأن المهاجرين يموتون بسبب سياسة الولايات المتحدة وإستراتيجيتها".[123]

تُعرض الآن دراما عن الهجرة عنوانها "تحويل اللوم" في الولايات المتحدة على نطاق واسع. فقد نقلت ولاية تكساس، التي يسيطر عليها الجمهوريين، أكثر من 90 ألف مهاجر إلى "مدن الملاذ الآمن" التي يديرها الديمقراطيون مثل واشنطن العاصمة ونيويورك سيتي وشيكاغو

وفيلادلفيا ودنفر ولوس أنجليس منذ أبريل 2022، حسبما ذكر تقرير لشبكة ((سي إن إن)) صدر في 30 ديسمبر 2023.[124] وأفاد الموقع الإلكتروني لـ((بروك كلوب)) في شيكاغو يوم 31 أكتوبر 2023، بأن أكثر من 19 ألف شخص وصلوا إلى شيكاغو منذ أغسطس 2022 وتسبب تدفق طالبي اللجوء في إجهاد نظام الإيواء بالمدينة. واضطر بعض المهاجرين، بمن فيهم الأطفال، إلى العيش في خيام مؤقتة أو حتى النوم في الشوارع.[125] وأشارت صحيفة ((شيكاغو صن تايمز)) في 14 أكتوبر 2023 إلى أن طفلة تدعى يوهانيليس وتبلغ من العمر ست سنوات عاشت في خيمة مؤقتة مع أشخاص مسنين. ومع حلول فصل الشتاء، شكّل انخفاض درجات الحرارة تحديا هائلا لهم.[126]

كما تعرض المهاجرون للتعذيب وغيره من ضروب المعاملة اللاإنسانية. في العام المالي 2023، بلغ عدد المهاجرين الذين اعتُقلوا أو رُحِّلوا على الحدود الجنوبية للولايات المتحدة أكثر من 2.4 مليون، وهو رقم قياسي آخر.[127] وأعربت لجنة الأمم المتحدة لحقوق الإنسان عن قلقها إزاء الفترات المطولة من احتجاز المهاجرين في الولايات المتحدة، منتقدة سوء أحوال مرافق الاحتجاز المكتظة في البلاد، حيث يُحرم المحتجزون من الحصول على الغذاء والماء والرعاية الطبية، ما يؤدي إلى وفاة العديد من الأشخاص، بمن فيهم الأطفال؛ وتعاني مرافق احتجاز المهاجرين العامة والخاصة من انتهاكات حقوق الإنسان مثل العنف الجنسي والحبس الانفرادي المطول والاعتداء.[128] وقد أفاد الموقع الإلكتروني لصحيفة ((غارديان)) في 6 ديسمبر 2023، بأن منشأة ستيوارت، وهي مركز احتجاز لإنفاذ قوانين الهجرة والجمارك يقع في لومبكين

بولاية جورجيا وتديره شركة كور سيفيك (CoreCivic)، كانت موضوع تقارير نُشرت مؤخرا وتناولت بالتفصيل قضايا مثيرة للقلق، بما في ذلك الوفيات والحبس الانفرادي المطول والاعتداء الجنسي والإهمال الطبي.[129] وفي 15 فبراير 2023، أصدر مختبر قانون الابتكار تقريرا كشف عن تعذيب المحتجزين في مرفق الاحتجاز بمقاطعة تورانس في إستانسيا بولاية نيو مكسيكو الذي تديره شركة كور سيفيك. أثناء الليل، يمر الحارس كل 15 دقيقة بجانب الغرف حاملا جهازه اللاسلكي مع تشغيله على أقصى درجة من الصوت، ويدق الأبواب بصوت عالٍ ويسلِّط أضواء مصباحه اليدوي القوية داخل الغرف، فيوقظ مَن قد نام. ويكون الطقس شديد البرودة، وفي كل زنزانة يهبّ هواء بارد عبر فتحات التهوية طوال الليل. ويحاول بعض السجناء استخدام ورق المرحاض أو البطانيات لتغطية الفتحات، ولكن الحراس يزيلون أي شيء يقوم السجناء باستخدامه لمنع تدفق الهواء البارد. وفي بعض الحجرات، يفيض البراز من المراحيض الممتلئة عن آخرها وينسكب على الأرض في الزنزانات حيث يضطر بعض السجناء إلى النوم.[130]

لقد غذت السياسات الحدودية التي تتبعها الولايات المتحدة العبودية الحديثة. وأدت السياسات الحدودية التي تنتهجها الحكومة الأمريكية إلى تفاقم مشكلة الاتجار بالبشر. فالمهاجرون، الذين تم التخلي عنهم في مدن بالولايات الحدودية أو نقلهم عبر البلاد، غالبا ما يصبحون معزولين وأكثر عرضة للاستغلال والاتجار بهم. كما وقع الأطفال، الذين عبروا الحدود بصورة غير قانونية وتجمعوا في مراكز إيواء مكتظة ولا تخضع لرقابة كافية،

ضحايا للمتاجرين بالبشر.[131] وتبين أن 72 في المائة من الذين تم الاتجار بهم في الولايات المتحدة من المهاجرين. وأغلبهم متواجدون هنا بشكل غير قانوني وكثير منهم من النساء والأطفال المعرضين بشدة لأن يتم تهريبهم والاتجار بهم في نهاية المطاف. وقدرت دراسة صدرت عن (تحالف مكافحة الاتجار بالنساء) أن 60 في المائة من الأطفال الأجانب غير المصحوبين بذويهم يقعون في قبضة الكارتلات ويتم استغلالهم في إنتاج مواد إباحية عن الأطفال وفي الاتجار بالمخدرات.[132] وقد ذكرت صحيفة ((يو إس إيه توداي)) في 18 يونيو 2023 أن العصابات الإجرامية أغرت المهاجرين لزراعة الماريجوانا في مزارع شمال كاليفورنيا وجنوب أوريغون، حيث تعرضوا للعبودية وأجبروا على العمل. وقد تعرض بعض العمال للصعق بالكهرباء، فيما أُجبر آخرون على العمل لمدة 16 ساعة أو أكثر دون استراحة وأحيانا بدون وجبة. وتعرضت النساء في بعض الأحيان للاعتداء الجنسي. والبعض اختفوا، ويُفترض أنهم قتلوا، وألقيت بجثثهم في البراري الشاسعة بالمنطقة.[133] واضطر حوالي 60 من ضحايا الاتجار بالبشر المشتبه بهم الذين يعملون في منشأة للماريجوانا في السوق السوداء بوسط كاليفورنيا، إلى زراعة الماريجوانا وسداد ديونهم للمهربين، وفقا لما ذكرته شبكة ((سي بي إس نيوز)) في 27 يوليو 2023.[134]

امتهن الأطفال المهاجرون، الذين كانوا بمفردهم وجرى استغلالهم، أعمالا قاسية في جميع أنحاء الولايات المتحدة. فقد كشفت صحيفة ((نيويورك تايمز))، في مقال نُشرته في 25 فبراير 2023، عن التوظيف غير القانوني لعمالة الأطفال المهاجرين والعمل القسري في المصانع

الأمريكية. وأشار التقرير إلى أنه حتى وقت نشر المقال، دخل أكثر من 250 ألف طفل أراضي الولايات المتحدة بمفردهم. وتعرض معظم الأطفال للعمل القسري والاستغلال من أجل البقاء وسداد نفقات كفلائهم. وانتشرت عمالة الأطفال المهاجرين في العديد من الصناعات الخطرة في عشرات الولايات على الصعيد الوطني، مثل مواقع البناء والمسالخ. وغالبا ما عملوا في نوبات ليلية وقاموا بمهام محفوفة بالمخاطر، فأصبحوا "عمالة الظل" ضمن أشكال الاستغلال الاقتصادي.[135] وبدون إجراء عملية تدقيق مناسبة، أطلقت سلطات الهجرة الأمريكية سراح الأطفال المحتجزين وسلمتهم إلى "الكفلاء"، لتصبح فعليا متواطئة في الاتجار بالبشر. ففي ولاية ألاباما، أُجبرت فتاة مهاجرة تبلغ من العمر 12 عاما على العمل في نوبات ليلية لصنع قطع غيار السيارات؛ وبعدها، وصل صبي يبلغ من العمر 12 عاما إلى ولاية فلوريدا وتم تكليفه على الفور بالقيام بأعمال خاصة بالأسقف. كما عمل صبي يبلغ من العمر 13 عاما في نوبات مدة كل منها 12 ساعة على مدار ستة أيام في الأسبوع بمزرعة بيض تجارية في ميشيغان.[136] وقد لعبت الهيئات التشريعية دورا في التمكين من استغلال عمالة الأطفال. فقد كشف معهد السياسات الاقتصادية للولايات المتحدة، في تقرير له نُشر في 14 مارس 2023، أنه في ولاية أركنساس، وقعت الحاكمة سارة هاكابي ساندرز على مشروع قانون في عام 2023 يلغي القيود المفروضة على العمل للأطفال الذين تتراوح أعمارهم بين 14 و15 عاما. وبموجب القانون الجديد، لن يحتاج الأطفال الذين تقل أعمارهم عن 16 عاما إلى تقديم شهادة عمل من شعبة العمل تثبت سنهم وموافقة الوالدين على عملهم.

وقد أعفى هذا الإجراء بشكل صارخ الشركات من مسؤوليتها عن تشغيل الأطفال المهاجرين المنفصلين عن أسرهم.[137]

سادسا- الهيمنة الأمريكية تخلق أزمات إنسانية

على مدى عقود من الزمان، سعت الولايات المتحدة إلى الهيمنة والأحادية وسياسة القوة. فقد استغلت الهيمنة العسكرية لتهديد الأمن والاستقرار العالميين، وانخرطت بلا خجل في تدخلات عسكرية، وأثارت توترات إقليمية، وحرضت على حروب بالوكالة، وزادت من تفاقم الصراعات المسلحة، وفرضت عقوبات أحادية، وقامت، بذريعة مكافحة الإرهاب، بعمليات احتجاز وتعذيب غير قانونية.

أدى الشروع في شن حروب في الخارج إلى كوارث إنسانية دائمة. فقد كشف تقرير بحثي، صدر في مايو 2023 عن الموقع الإلكتروني لمشروع (تكاليف الحرب) التابع لجامعة براون، أنه في مسارح الحرب التي نفذت فيها الولايات المتحدة عمليات لـ"مكافحة الإرهاب" في الخارج بعد هجمات 11 سبتمبر، تراوح إجمالي عدد القتلى بين 4.5 و4.7 مليون شخص على الأقل. ومن بين هؤلاء، فإن عدد الوفيات الناجمة بشكل غير مباشر عما هو مرتبط بالحرب من اضطرابات اقتصادية وأضرار بيئية وفقدان للخدمات العامة وضعف للبنية التحتية للرعاية الصحية قُدر بما يتراوح بين حوالي 3.6 و3.8 مليون شخص.[138]

تعرضت سيادة وحقوق الإنسان للدول الأخرى للانتهاك من خلال برامج "قوات بالوكالة". فمن أجل ضمان توفر ما يكفي من الأموال والسلطة للعمليات المستقبلية الرامية إلى دعم الجيوش الأجنبية، ناصرت قيادة

العمليات الخاصة في الولايات المتحدة التشريع المعروف باسم المادة 1208، والذي تم تضمينه في النهاية في المادة (127 إي) من الباب 10 من مدونة قوانين الولايات المتحدة. وبموجب نص المادة، يتم تخصيص ميزانية سنوية لوزارة الدفاع لمساعدة الجيوش الأجنبية، والقوات شبه العسكرية، والأفراد العاديين الذين "يدعمون" عمليات مكافحة الإرهاب الأمريكية. وألمحت كاثرين يون إيبرايت، التي تعمل كمستشارة في برنامج الحرية والأمن القومي التابع لمركز برينان، إلى أنه بموجب المادة (127 إي)، تقوم وزارة الدفاع بتجنيد وتدريب وتجهيز ودفع رواتب الجيوش الأجنبية، والقوات شبه العسكرية، والأفراد، وتنشئ قوات بالوكالة تسعى إلى تحقيق أهداف عسكرية إلى جانب القوات الأمريكية وبالنيابة عنها.[139] وكشف تقرير، نُشر على الموقع الإلكتروني لجامعة براون في سبتمبر 2023، أن الولايات المتحدة أجرت عمليات تعرف باسم (127 إي) في دول منها أفغانستان وكوبا والعراق وكينيا ومالي والصومال وسوريا واليمن ومصر ولبنان وليبيا والنيجر وتونس.[140] وأفاد تقرير نُشر على الموقع الإلكتروني لصحيفة ((نيويورك تايمز)) في 14 مايو 2023 بأن برنامج (127 إي) لم يُشر إلى انتهاكات لحقوق الإنسان – مثل الاغتصاب والتعذيب أو عمليات القتل خارج نطاق القضاء.[141]

استمر تزويد مناطق الصراعات بالأسلحة. فقد أوضح بيان صحفي صدر عن وزارة الدفاع الأمريكية في 7 يوليو 2023 أن الولايات المتحدة قدمت لأوكرانيا مساعدة أمنية إضافية تصل قيمتها إلى 800 مليون دولار أمريكي، والتي اشتملت على كمية كبيرة من الذخائر العنقودية.[142] وذكر فرحان حق نائب المتحدث باسم الأمين العام للأمم المتحدة، ردا على أسئلة الصحفيين في 7 يوليو

2023، أن الأمين العام للأمم المتحدة أنطونيو غوتيريش أعرب عن أمله في أن تنضم جميع الدول إلى اتفاقية الذخائر العنقودية وتمتنع عن مواصلة استخدام الذخائر العنقودية في ساحة المعركة.[143] ووفقا لتقرير نُشر على الموقع الإلكتروني لمكتب حقوق الإنسان التابع للأمم المتحدة في 20 سبتمبر 2023، أرسلت أليس جيل إدواردز، مقررة الأمم المتحدة الخاصة المعنية بالتعذيب وغيره من ضروب المعاملة أو العقوبة القاسية أو اللاإنسانية أو المهينة، رسالة عاجلة إلى الحكومة الأمريكية في يوليو 2023، تُحذر فيها من أن الذخائر العنقودية قد تكون ضارة للغاية بالسكان المدنيين، إذ إنها تتسبب في الوفاة وإصابات دائمة تغير الحياة.[144] ووفقا لتقرير نشرته صحيفة ((واشنطن بوست)) في 11 ديسمبر 2023، تتدفق ذخائر أمريكية تقدر قيمتها بمليارات الدولارات إلى إسرائيل سنويا. ففي شهر أكتوبر، استخدمت إسرائيل ذخائر الفوسفور الأبيض التي زودتها بها الولايات المتحدة في هجوم وقع في شهر أكتوبر بجنوب لبنان وأسفر عن إصابة تسعة مدنيين على الأقل.[145] وأشار جوش بول، المدير السابق لمكتب الشؤون السياسية والعسكرية بوزارة الخارجية، في مقال نُشر بصحيفة ((نيويورك تايمز)) في 18 أكتوبر 2023، إلى أن الولايات المتحدة تزود إسرائيل حاليا بمساعدات عسكرية سنوية تصل قيمتها إلى ما لا يقل عن 3.8 مليار دولار أمريكي. وقال إن معظم الخسائر الفادحة في قطاع غزة سببها الذخيرة التي قدمتها الولايات المتحدة، وأعرب عن إدانته لهذه المساعدات العسكرية لتجاهلها قضايا حقوق الإنسان.[146] وقد أفاد مركز الحقوق الدستورية، وهو منظمة تقدمية غير ربحية مدافعة عن حقوق الإنسان ومقرها مدينة نيويورك، في 16 نوفمبر 2023، بأن

ويليام شاباس، الخبير القانوني الرائد في العالم في مجال الإبادة الجماعية، أدان انتهاك الولايات المتحدة لواجبها القانوني في منع ذلك، وفقا لما يقتضيه القانون الدولي العرفي واتفاقية منع جريمة الإبادة الجماعية والمعاقبة عليها.[147]

لا يزال معتقل غوانتانامو سيئ السمعة مفتوحا ويعمل حتى الآن. وكانت الحكومة الأمريكية قد وعدت مرارا بإغلاق معتقل غوانتانامو، لكنها نقضت وعدها مرارا. حتى عام 2023، ظل المعتقل سيئ السمعة قيد التشغيل. عقب اختتام زيارتها لمعتقل غوانتانامو في 26 يونيو 2023، أشارت فيونوالا ني أولين، مقررة الأمم المتحدة الخاصة المعنية بتعزيز وحماية حقوق الإنسان والحريات الأساسية في سياق مكافحة الإرهاب، إلى أنه لا يزال هناك نحو 30 شخصا رهن الاحتجاز في المعتقل، وكل معتقل قابلته يعيش بإصابات شديدة ومستمرة ناجمة عن الممارسات المنهجية المتمثلة في التسليم والتعذيب والاحتجاز التعسفي. ومن الضروري إغلاق السجن. ولا تزال حقوق الإنسان للغالبية العظمى من المحتجزين السابقين تُنتهك، كما أن الحكومة الأمريكية لديها "أوجه قصور خطيرة في توفير الوسائل الأساسية التي يحتاجها المعتقلون السابقون ليعيشوا حياة كريمة، بما في ذلك الهوية القانونية والرعاية الصحية والتعليم والإسكان ولم شمل الأسرة وحرية التنقل"، والتي تنتهك التزامات الولايات المتحدة بموجب القانون الدولي قبل عملية نقل المحتجزين وخلالها وبعدها.[148]

في 16 فبراير 2023، علق منصور العديفي، وهو فنان وناشط اُحتجز بشكل تعسفي في معتقل غوانتانامو لأكثر من 14 عاما، على الموقع الإلكتروني لشبكة ((الجزيرة)) قائلا "بعد عقود من الانتهاكات، ألقت بنا الولايات المتحدة بعيدا،

دون أن تقدم لنا أي دعم أو رعاية أو تعويض" .[149]

أدى الاستخدام المطول والعشوائي للعقوبات الأحادية إلى عواقب إنسانية وخيمة. فمنذ عام 1950، استخدمت الولايات المتحدة العقوبات أكثر من أي دولة أخرى في العالم. ووفقا للبيانات الصادرة عن وزارة الخزانة الأمريكية في 28 ديسمبر 2023، فرضت الولايات المتحدة عقوبات على أكثر من 20 دولة.[150] وذكر رئيس الدورة الـ78 للجمعية العامة للأمم المتحدة في الأول من نوفمبر 2023 أن الحصار الاقتصادي والتجاري والمالي الذي تفرضه الولايات المتحدة على كوبا ينتهك ميثاق الأمم المتحدة وكان له أثر مدمر على الشعب الكوبي.[151] وفي 2 نوفمبر 2023، اعتمدت الجمعية العامة للأمم المتحدة قرارا يحث الولايات المتحدة مرة أخرى على إنهاء الحصار الاقتصادي والتجاري والمالي المفروض على كوبا منذ أكثر من 60 عاما، وهو العام الـ31 على التوالي الذي يتم فيه اعتماد مثل هذا القرار. وفي 28 يناير 2023، قال مفوض الأمم المتحدة السامي لحقوق الإنسان فولكر تورك عقب قيامه بزيارة إلى فنزويلا إن العقوبات التي فرضتها الولايات المتحدة منذ عام 2017 "أدت إلى تفاقم الأزمة الاقتصادية وعرقلت حقوق الإنسان" .[152] وفي الأول من يونيو 2023، أفاد موقع ((المحافظون الأمريكيون)) بأن العقوبات الأمريكية زادت من تفاقم فقر الشعب السوري. وبأن سبعين في المائة من سكان سوريا يواجهون نقصا في الغذاء، بما في ذلك "12 مليون شخص لا يعرفون من أين سيأتون بوجبتهم التالية" و"2.9 مليون شخص معرضون لخطر الانزلاق إلى هوة الجوع" .[153] وفي 14 فبراير 2023، ذكرت إلينا دوهان، مقررة الأمم المتحدة الخاصة المعنية بالأثر السلبي للتدابير القسرية أحادية

الجانب على التمتع بحقوق الإنسان، أن العقوبات الأمريكية ضد إيران "تؤثر على استيراد الأدوية المنظمة للحديد والمنقذة للحياة بالنسبة لمرضى الثلاسيميا الإيرانيين. وهذا لا ينتهك حقهم في الصحة فحسب، بل يؤدي أيضا إلى زيادة المضاعفات ومعدلات الوفيات"، حسبما قال الخبراء.[154] وقد اعتمد مجلس حقوق الإنسان التابع للأمم المتحدة قرارا في 3 أبريل 2023 ينص على أن التدابير القسرية الأحادية "لها آثار بعيدة المدى على حقوق الإنسان لعامة السكان في الدول المستهدفة، وتؤثر بشكل غير متناسب على الفقراء والأشخاص في أكثر الحالات ضعفا". وأدان القرار استمرار بعض السلطات في تطبيق إجراءات قسرية أحادية. وقد صوتت الولايات المتحدة ضد القرار.[155]

الخاتمة

في الوقت الحاضر، يواجه المجتمع البشري تحديات لم يسبق لها مثيل، ويقف العالم مرة أخرى أمام مفترق طرق التاريخ. كما أن مختلف مشكلات حقوق الإنسان في الولايات المتحدة لم تحول فقط حقوق الإنسان الخاصة بها إلى امتياز لا يستمتع به سوى قلة من الناس، بل هددت وعرقلت أيضا بشكل خطير التنمية الصحية لقضية حقوق الإنسان العالمية.

الأفعال أبلغ من الأقوال. فهل تستطيع الولايات المتحدة الخروج من المأزق بالاستعانة بأفكار ومبادرات تتماشى مع خصائص العصر وتيارات التاريخ؟ الشعب الأمريكي ينتظر، والمجتمع الدولي يراقب، وحكومة الولايات المتحدة يجب أن تستجيب.

Reference

1 "Why number of US mass shootings has risen sharply," BBC, March 28, 2023, https://www.bbc.com/news/world-us-canada-64377360.

2 "Gun Violence Archive 2023," Gun Violence Archive, https://www.gunviolencearchive.org/.

3 Luis Martinez, Meredith Deliso, "Maine mass shooting: what we know about suspect Robert Card," ABC, October 28, 2023, https://abcnews.go.com/US/maine-mass-shooting-suspect/story?id=104342351.

4 Zachary Schermele, Krystal Nurse, Michael Collins and Minnah Arshad, "Third victim ID'd in UNLV shooting as college professors decry 'national menace,'" USA Today, December 8, 2023, https://www.usatoday.com/story/news/nation/2023/12/08/unlv-shooting-las-vegas-what-we-know/71852211007/.

5 "Concluding observations on the fifth periodic report of the United States of America," Human Rights Committee, December 7, 2023, CCPR/C/USA/CO/5.

6 Liz Mineo, "Stopping toxic flow of guns from US to Mexico," The Harvard Gazette, February 18, 2022, https://news.harvard.edu/gazette/story/2022/02/stopping-toxic-flow-of-gun-traffic-from-u-s-to-mexico/.

7 Masood Farivar, "US uses new law to target gun trafficking to Mexico," VOA, June 15, 2023, https://www.voanews.com/a/us-uses-new-law-to-target-gun-trafficking-to-mexico/7138186.html.

8 Carina Solmrano, "Behind a rise in Latin America's violent crime, a deadly flow of illegal guns," Americas Quarterly, May 15, 2023, https://www.americasquarterly.org/article/behind-a-rise-in-latin-americas-violent-crime-a-deadly-flow-of-illegal-guns/.

9 "Concluding observations on the fifth periodic report of the United States of America," Human Rights Committee, December 7, 2023, CCPR/C/USA/CO/5.

10 "Gun violence widely viewed as a major — and growing — national problem,"

Pew Research Center, June 28, 2023, https://www.pewresearch.org/politics/2023/06/28/gun-violence-widely-viewed-as-a-major-and-growing-national-problem/.

11 Belén Fernández, "US gun violence: Capitalism is the culprit," Al Jazeera, July 31, 2022, https://www.aljazeera.com/opinions/2022/7/31/us-gun-violence-capitalism-is-the-culprit.

12 Lauren Cahn, "Why is it so hard to stop gun violence in America," Reader's Digest, March 27, 2023, https://www.rd.com/article/gun-violence-in-america/.

13 Chip Brownlee, "Permitless carry: these states allow gun owners to carry without a license," The Trace, May 12, 2023, https://www.thetrace.org/2023/05/permitless-carry-gun-laws-states-map/.

14 "Concluding observations on the fifth periodic report of the United States of America," Human Rights Committee, December 7, 2023, CCPR/C/USA/CO/5.

15 Elizabeth Goitein, Noah Chauvin, "The year of section 702 reform, part v: the HPSCI majority FISA working group report," Just Security, November 27, 2023, https://www.justsecurity.org/90230/the-year-of-section-702-reform-part-v-the-hpsci-majority-fisa-working-group-report/.

16 Emile Ayoub, Helen Griffiths, "We're suing the NYPD to uncover its online surveillance practices," Brennan Center for Justice, November 20, 2023, https://www.brennancenter.org/our-work/analysis-opinion/were-suing-nypd-uncover-its-online-surveillance-practices.

17 "Hate crime in the United States incident analysis," Federal Bureau of Investigation (FBI), https://cde.ucr.cjis.gov/LATEST/webapp/#/pages/explorer/crime/hate-crime.

18 "CAIR 2023 civil rights report: progress in the shadow of prejudice," The Council on American-Islamic Relations, https://www.cair.com/wp-content/uploads/2023/04/progressintheshadowofprejudice-1.pdf.

19 "Concluding observations on the fifth periodic report of the United States

of America," Human Rights Committee, December 7, 2023, CCPR/C/USA/CO/5.

Kasey Meehan, Jonathan Friedman, "Banned in the USA: state laws supercharge book suppression in schools," PEN America, April 20, 2023, https://pen.org/report/banned-in-the-usa-state-laws-supercharge-book-suppression-in-schools/.

20 Rebecca Boone, "Experts say attacks on free speech are rising across the US," The Associated Press (AP), March 15, 2023, https://apnews.com/article/first-amendment-free-speech-censorship-mccarthyism-815865bafa52bb821400be15fdf76119.

21 Ram Subramanian, "End the culture of police violence," Brennan Center for Justice, February 3, 2023, https://www.brennancenter.org/our-work/analysis-opinion/end-culture-police-violence.

22 Sam Levin, "2023 saw record killings by US police. Who is most affected?" The Guardian, January 8, 2024, https://www.theguardian.com/us-news/2024/jan/08/2023-us-police-violence-increase-record-deadliest-year-decade.

23 Amy E Lerman, Vesla M Weaver, *Arresting citizenship: the democratic consequences of American crime control* (Chicago: University of Chicago Press, 2014), p. 69.

24 Wool E, Sharara F, Bertolacci G, Naghavi M, Homicides by law enforcement: case definitions matter — authors' reply. *Lancet*, April 30, 2022: 399 (10336), pp. 1693-1694.

25 Jamelle Bouie, "The police cannot be a law unto themselves," The New York Times, January 31, 2023, https://www.nytimes.com/2023/01/31/opinion/tyre-nichols-police-accountability-democracy.html.

26 The White House Office of the Press Secretary, "Remarks by the President at the NAACP Conference," Pennsylvania Convention Center, July 14, 2015, https://obamawhitehouse.archives.gov/the-press-office/2015/07/14/remarks-president-naacp-conference.

27 Emily Widra, "Ten statistics about the scale and impact of mass incarceration in the US," Prison Policy Initiative, October 24, 2023, https://www.prisonpolicy.org/blog/2023/10/24/ten-statistics/.

28 "Captive labor: exploitation of incarcerated workers," American Civil Liberties Union, June 15, 2022, https://www.aclu.org/news/human-rights/captive-labor-exploitation-of-incarcerated-workers.ru.

29 Wendy Sawyer, Peter Wagner, "Mass incarceration: the whole pie 2023," Prison Policy Initiative, March 14, 2023, https://www.prisonpolicy.org/reports/pie2023.html.

30 "From duck stamps to doomsday: the past year in American politics," The Economist, December 28, 2023, https://www.economist.com/united-states/2023/12/28/from-duck-stamps-to-doomsday-the-past-year-in-american-politics.

31 Jessica Piper, "Democrats have outspent Republicans across most of the country," Politico, November 7, 2023, https://www.politico.com/live-updates/2023/11/07/election-day/dems-outspent-gop-00125836.

32 Gerrymandering Project, "We bridge the gap between mathematics and the law to achieve fair representation through redistricting reform," Princeton University, https://gerrymader.princeton.edu/.

33 Melissa Quinn, "Here are the redistricting disputes shaping the battle for House control," CBS News, December 26, 2023, https://www.cbsnews.com/news/redistricting-states-house-congress-control/.

34 "Public trust in government: 1958–2023," Pew Research Center, September 19, 2023, https://www.pewresearch.org/politics/2023/09/19/public-trust-in-government-1958-2023/.

35 "Satisfaction with the United States," Gallup, https://news.gallup.com/poll/1669/general-mood-country.aspx.

36 Meredith Deliso, "Heading into 2024, most Americans believe country headed in the wrong direction: poll," ABC, November 5, 2023, https://abcnews.go.com/Politics/americans-country-headed-wrong-direction-poll/

story?id=104633234.
37 "Reimagining the American Dream: views from young Americans," American University, September 14, 2023, https://www.american.edu/sine-institute/reimagining-poll.cfm.
38 Center for Information & Research on Civic Learning and Engagement, "The youth vote in 2022," Tufts University, April 6, 2023, https://circle.tufts.edu/latest-research/state-state-youth-voter-turnout-data-and-impact-election-laws-2022.
39 KJ Hiramoto, "Keenan Anderson: cause of death revealed for LA man shocked by police taser 6 times," FOX 5, June 3, 2023, https://www.fox5dc.com/news/keenan-anderson-autopsy-los-angeles.
40 Marin Cogan, "Cars transformed America. They also made people more vulnerable to the police." The Vox, February 28, 2023, https://www.vox.com/culture/23614082/sarah-seo-traffic-police-tyre-nichols.
41 "UN experts call for new approaches to policing in the United States following deaths of Keenan Anderson and Tyre Nichols," OHCHR, February 10, 2023, https://www.ohchr.org/en/press-releases/2023/02/un-expert-call-new-approaches-policing-united-states-following-deaths.
42 "Systemic racism pervades US police and justice systems, UN Mechanism on Racial Justice in Law Enforcement says in new report urging reform," OHCHR, September 28, 2023, https://www.ohchr.org/en/press-releases/2023/09/systemic-racism-pervades-us-police-and-justice-systems-un-mechanism-racial.
43 "Jacksonville shootings: what we know about the racist killings," The Associated Press (AP), August 29, 2023, https://apnews.com/article/deadly-shooting-florida-store-race-bd2bf9591f40903a923dbd8a46d8fb97.
44 Deborah Barfield, Berry Terry Collins, Marc Ramirez, "Frightening, shocking: some Black Americans fear violence after Jacksonville shooting," USA Today, August 29, 2023, https://www.usatoday.com/story/news/nation/2023/08/29/jacksonville-shooting-fear-among-black-

americans/70703933007/.

45 Crime Data Explorer, "Hate crime in the United States incident analysis," Federal Bureau of Investigation (FBI), https://cde.ucr.cjis.gov/LATEST/webapp/#/pages/explorer/crime/hate-crime.

46 "Attorney General Bonta releases 2022 hate crime report, highlights continued efforts to combat hate," State of California Department of Justice, June 27, 2023, https://oag.ca.gov/news/press-releases/attorney-general-bonta-releases-2022-hate-crime-report-highlights-continued.

47 Janice Dickson, "Racism: an underlying cause of maternal deaths in the Americas, UN report finds," The Globe and Mail, July 12, 2023, https://www.theglobeandmail.com/world/article-racism-an-underlying-cause-of-maternal-deaths-in-the-americas-un/.

48 Kat Stafford, "Why do so many Black women die in pregnancy? One reason: doctors don't take them seriously," The Associated Press (AP), May 23, 2023, https://apnews.com/article/black-women-maternal-mortality-rate-df872e86c4bb56ef222b19141dc377f8.

49 Keren Landman, "It's getting increasingly dangerous to be a newborn in the US," Vox News, November 9, 2023.

50 Beatrice Peterson, "Rep. Cori Bush says $14 trillion reparations bill will eliminate the racial wealth gap," ABC, May 20, 2023, https://abcnews.go.com/Politics/rep-cori-bush-14-trillion-reparations-bill-eliminate/story?id=99390652.

51 Aaron Morrison, "Hughes Van Ellis, youngest known survivor of Tulsa Race Massacre, dies at 102," The Associated Press (AP), October 11, 2023, https://apnews.com/article/obituary-tulsa-massacre-hughes-van-ellis-d63087c5a8fbe097e47d394394a4df3b.

52 Juliana Menasce Horowitz, "Martin Luther King Jr.'s legacy: 60 years after the march on Washington," Pew Research Center, August 10, 2023, https://www.pewresearch.org/social-trends/2023/08/10/views-of-the-countrys-progress-on-racial-equality/.

53 Kate Linthicum, "'America does not deserve me.' Why Black people are leaving the United States," The Los Angeles Times, October 10, 2023, https://www.latimes.com/world-nation/story/2023-10-10/blaxit-why-so-many-black-americans-are-moving-abroad.

54 Ayana Archie, "Most Asian Americans say they face discrimination and are often treated as foreigners," National Public Radio (NPR), November 30, 2023, https://www.npr.org/2023/11/30/1216121806/anti-asian-american-discrimination-pew-survey.

55 Terry Tang, Linley Sanders, "1 in 3 US Asians and Pacific Islanders faced racial abuse this year, AP-NORC/AAPI Data poll shows," The Associated Press (AP), November 14, 2023, https://apnews.com/article/aapi-data-racism-asian-hate-e5e8c8928dd286b48098a94c5e5f184f.

56 "National survey data shows nearly 3 out of every 4 Chinese Americans have experienced racial discrimination in the past 12 months," Committee of 100, April 27, 2023, https://www.committee100.org/media-center/national-survey-data-shows-nearly-3-out-of-every-4-chinese-americans-have-experienced-racial-discrimination-in-the-past-12-months/.

57 Jeffrey Mervis, "Pall of suspicion: The National Institutes of Health's 'China initiative' has upended hundreds of lives and destroyed scores of academic careers," Science, March 23, 2023, https://www.science.org/content/article/pall-suspicion-nihs-secretive-china-initiative-destroyed-scores-academic-careers.

58 Rebecca Trager, "Scientists of Chinese descent leaving the US at an accelerating pace," Chemistry World, August 2, 2023, https://www.chemistryworld.com/news/scientists-of-chinese-descent-leaving-the-us-at-an-accelerating-pace/4017831.article.

59 Sun Tao, Jiang Qingling, "Chinese PhD student suddenly deported from US: a 50-hour nightmare," *China Science Daily*, January 11, 2024.

60 Matthew Brown, "Survivors say trauma from abusive Native American boarding schools stretches across generations," The Associated Press (AP),

November 6, 2023, https://apnews.com/article/native-american-boarding-schools-victims-3f927e5054b6790cef1c6012d8616ad6.

61 Chandelis Duster, "Native American boy forced to cut hair to comply with school hair policy, ACLU says," CNN, November 22, 2023, https://www.cnn.com/2023/11/22/us/indigenous-elementary-student-forced-cut-hair-aclu-reaj/index.html.

62 "Native American health and the environment," National Institute of Environmental Health Sciences (NIEHS), November 20, 2023, https://www.niehs.nih.gov/health/topics/population/native/index.cfm.

63 Sheila Kaplan, "Native American health care remains vastly underfunded," Berkeley Public Health, November 1, 2023, https://publichealth.berkeley.edu/news-media/native-american-health-care-remains-vastly-underfunded/.

64 Amanda Gibson, "Native American healthcare disparities: challenges and solutions," Relias, November 9, 2023, https://www.relias.com/blog/native-american-healthcare-disparities.

65 Ece Yildirim, "Nearly 20% of workers have changed their name on a resume because of discrimination concerns, says new report," CNBC, October 24, 2023, https://www.cnbc.com/2023/10/19/nearly-20percent-of-job-candidates-have-changed-their-names-on-resumes-because-of-discrimination-concerns.html.

66 Michael Sainato, "New York City home care aides push to end 14-hour shifts: destroyed my body," The Guardian, April 23, 2023, https://www.theguardian.com/us-news/2023/apr/23/new-york-city-home-care-workers-end-24-hour-shifts.

67 Amir Khafagy, "Healthcare Worker Union is fighting a bill that would end 24-hour shifts for home health aides," Documented, September 13, 2022, https://documentary.com/2022/09/13/24-hour-shifts-healthcare-new-york-199seiu/.

68 Sean Collins, Izzie Ramirez, "Discrimination isn't just infuriating. It steals Black people's time." The Vox, June 12, 2023, https://www.vox.com/

race/23739082/discrimination-racism-black-people-time-juneteenth.

69 "Freedom of speech is not freedom to spread racial hatred on social media: UN experts," OHCHR, January 6, 2023, https://www.ohchr.org/en/statements/2023/01/freedom-speech-not-freedom-spread-racial-hatred-social-media-un-experts.

70 Marc Ramirez, "Racism in online gaming is rampant. The toll on youth mental health is adding up," USA Today, September 6, 2023, https://www.usatoday.com/story/news/nation/2023/09/03/online-gaming-racism-youth-extremism-mental-health/70721986007/.

71 Natalie Neysa Alund, Walker Armstrong, "'I'm drowning': Black teen cried for help as white teen tried to kill him, police say," USA Today, September 11, 2023, https://www.usatoday.com/story/news/nation/2023/09/11/white-teen-indicted-attempted-murder-massachusetts-racially-mativated/70821226007/.

72 Bruce Hoffman, Jacob Ware, "American hatred goes global," Foreign Affairs, September 19, 2023, https://www.foreignaffairs.com/united-states/american-hatred-goes-global.

73 "Poverty rate in the United States from 1990 to 2022," Statista Research Department, December 3, 2023, https://www.statista.com/statistics/200463/us-poverty-rate-since-1990/.

74 "Only richest 20% of Americans still have excess pandemic savings," Bloomberg, September 25, 2023, https://www.bloomberg.com/news/articles/2023-09-25/only-richest-20-of-americans-still-have-excess-pandemic-savings.

75 "Wealth distribution in the United States in the third quarter of 2023," Statista Research Department, December 20, 2023, https://www.statista.com/statistics/203961/wealth-distribution-for-the-us/.

76 Sheryll Cashin, "America's poverty is built by design," Politico, May 5, 2023, https://www.politico.com/news/magazine/2023/05/21/theres-a-path-out-of-poverty-00097399.

77 Didimo Castillo Fernandez, Martha Otis, "Hegemony and the US labor model," *Latin American Perspectives*, Vol. 34, No. 1, January 2007, pp. 64-72.

78 "The impact of the *Raise the Wage Act* of 2023," Economic Policy Institute, July 25, 2023, https://www.epi.org/publication/rtwa-2023-impact-fact-sheet/.

79 "Minimum-wage workers in 22 states will be getting raises on Jan. 1," National Public Radio (NPR), December 26, 2023, https://www.npr.org/2023/12/26/1221521157/minimum-wage-states-raises-jan-1.

80 "The working poor families project," WPFP, https://www.workingpoorfamilies.org/.

81 "Unions made 2023 the year of the strike. What will happen next?" ABC, December 26, 2023, https://abcnews.go.com/Business/unions-made-2023-year-strike-happen/story?id=105556127.

82 Benjamin J Newman, "Economic inequality, the working poor, and belief in the American Dream," *Public Opinion Quarterly*, Vol. 86, No. 4, 2022, pp. 944-954.

83 "Minimum-wage workers in 22 states will be getting raises on Jan. 1," National Public Radio (NPR), December 26, 2023, https://www.npr.org/2023/12/26/1221521157/minimum-wage-states-raises-jan-1.

84 "Economists explain why Americans feel inflation, economy are much, much worse than they actually are," The Harvard Gazette, November 21, 2023, https://news.harvard.edu/gazette/story/2023/11/why-americans-feel-inflation-economy-are-much-worse-than-they-are/.

85 "US credit card balances see largest yearly leap on record," CNN, November 7, 2023, https://www.cnn.com/2023/11/07/economy/household-debt-credit-card-delinquencies-q3/index.html.

86 Office of Community Planning and Development (CPD), "The 2023 annual homelessness assessment report," Department of Housing and Urban Development (HUD), December 15, 2023, https://www.huduser.gov/portal/

sites/default/files/pdf/2023-AHAR-Part-1.pdf.

87 USICH Executive Director Jeff Olivet, "Collaborate, don't criminalize: how communities can effectively and humanely address homelessness," United States Interagency Council on Homelessness, October 26, 2022, https://www.usich.gov/news-events/news/collaborate-dont-criminalize-how-communities-can-effectively-and-humanely-address.

88 Nazish Dholakia, "How the US criminalizes homelessness," Forbes, January 1, 2022, https://www.forbes.com/sites/forbeseq/2022/01/01/how-the-us-criminalizes-homelessness/?sh=764905cf4869.

89 "The criminalization of homelessness," The National Coalition for the Homeless, https://nationalhomeless.org/civil-rights-criminalization-of-homelessness/.

90 Nazish Dholakia, "How the US criminalizes homelessness," Forbes, January 1, 2022, https://www.forbes.com/sites/forbeseq/2022/01/01/how-the-us-criminalizes-homelessness/?sh=764905cf4869.

91 The National Homelessness Law Center, "UN Human Rights Committee calls on US to end criminalization of homelessness," Whole Community News, November 5, 2023, https://wholecommunity.news/2023/11/05/un-human-rights-committee-calls-on-us-to-end-criminalization-of-homelessness/.

92 "Another public health crisis: 1 in 8 US households struggle with food insecurity, government report finds," CNBC, October 27, 2023, https://www.cnbc.com/2023/10/27/1-in-8-us-households-struggle-with-hunger-food-insecurity-usda.html.

93 Sultan Khalid, "24 states that legalized recreational weed in the US," Insider Monkey, December 28, 2023, https://www.insidermonkey.com/blog/24-states-that-legalized-recreational-weed-in-the-us-1243392/.

94 Iris Dorbian, "Despite some stumbles, total sales in US cannabis market could soar to $50.7 billion by 2028, says top researcher," Forbes, February 15, 2023, https://www.forbes.com/sites/irisdorbian/2023/02/15/despite-

some-stumbles-total-sales-in-us-cannabis-market-could-soar-to-507-billion-by-2028-says-top-researcher/?sh=fc1f488164dc.

95 "Marijuana and hallucinogen use, binge drinking reached historic highs among adults 35 to 50," Department of Health and Human Services (HHS), August 17, 2023, https://www.nih.gov/news-events/news-releases/marijuana-hallucinogen-use-binge-drinking-reached-historic-highs-among-adults-35-50.

96 Substance Abuse and Mental Health Services Administration (SAMHSA), "2022 national survey on drug use and health," Department of Health and Human Services (HHS), November 13, 2023, https://www.samhsa.gov/data/sites/default/files/reports/rpt42731/2022-nsduh-main-highlights.pdf.

97 Morgan Sherburne, "Teen drug use remains below pre-pandemic levels," University of Michigan, December 13, 2023, https://news.umich.edu/teen-drug-use-remains-below-pre-pandemic-levels/.

98 George Petras, "US suicide rate reaches highest point in more than 80 years: see what latest data shows," USA Today, November 29, 2023, https://www.usatoday.com/story/graphics/2023/11/29/2022-suicide-rate-historical-chart-comparison-graphic/71737857007/.

99 Marc Ramirez, "Black suicide rates, once among the nation's lowest, have risen dramatically among youths," USA Today, July 16, 2023, https://www.usatoday.com/story/news/nation/2023/07/16/suicide-rates-among-black-youth-outpacing-other-groups-in-recent-years/70403743007/.

100 Mary Clare Jalonick, "Latest push to revive Equal Rights Amendment fails in Senate," The Independent, April 27, 2023, https://www.the-independent.com/news/world/americas/us-politics/senate-ap-chuck-schumer-democrats-republicans-b2328403.html.

101 "Concluding observations on the fifth periodic report of the United States of America," Human Rights Committee, December 7, 2023, CCPR/C/USA/CO/5.

102 Pien Huang, Jane Greenhalgh, "US maternal deaths keep rising. Here's

who is most at risk," National Public Radio (NPR), July 4, 2023, https://www.npr.org/sections/health-shots/2023/07/04/1185904749/u-s-maternal-deaths-keep-rising-heres-who-is-most-at-risk.

103 Kat Stafford, "Why do so many Black women die in pregnancy? One reason: doctors don't take them seriously," The Independent, May 23, 2023, https://www.independent.co.uk/news/ap-america-alabama-people-black-b2343846.html.

104 "United States: abortion bans put millions of women and girls at risk, UN experts say," OHCHR, June 2, 2023, https://www.ohchr.org/en/press-releases/2023/06/united-states-abortion-bans-put-millions-women-and-girls-risk-un-experts-say.

105 "Concluding observations on the fifth periodic report of the United States of America," Human Rights Committee, December 7, 2023, CCPR/C/USA/CO/5.

106 "Concluding observations on the fifth periodic report of the United States of America," Human Rights Committee, December 7, 2023, CCPR/C/USA/CO/5.

107 Emily Le Coz, Kenny Jacoby, "California State University's mishandling of sexual misconduct comes home to roost this week," USA Today, July 18, 2023, https://www.usatoday.com/story/news/investigations/2023/07/18/california-state-university-title-ix-sexual-misconduct-failures/70424261007/.

108 Andrew Seligman, Mike Household, Larry Lage, "First lawsuit filed on behalf of female Northwestern University athlete as hazing scandal widens," USA Today, July 24, 2023, https://www.usatoday.com/story/sports/ncaaf/2023/07/24/first-lawsuit-filed-on-behalf-of-female-northwestern-university-athlete-as-hazing scandal-widens/70455323007/.

109 Alex Woodward, "Gun reform groups urge Supreme Court to keep firearms away from domestic abusers," The Independent, October 11, 2023, https://www.the-independent.com/news/world/americas/us-politics/second-

amendment-supreme-court-domestic-violence-b2428083.html.

110 Alistair Dawber, "Women in Biden's White House are paid 20% less than men," The Times, August 8, 2023, https://origin-e-www.thetimes.co.uk/article/women-in-bidens-white-house-are-paid-20-less-than-the-men-dgpl9tblp.

111 Hollie McKay, "Pregnant, laid off and unable to find new work: the US moms-to-be with no healthcare and no rights," The Independent, May 11, 2023, https://www.independent.co.uk/news/world/americas/pregnant-laid-off-maternity-discrimination-twitter-google-meta-b2336568.html.

112 Kyle Swenson, Amy Goldstein, "US poverty spiked in 2022, reversing gains, Census Bureau data shows," Washington Post, September 12, 2023, https://www.washingtonpost.com/dc-md-va/2023/09/12/us-poverty-rate-census-uninsured-2022/.

113 Catherine Rampell, "We let child poverty soar last year. We could choose differently," Washington Post, September 12, 2023, https://www.washingtonpost.com/opinions/2023/09/12/biden-child-tax-credit-poverty-doubled/.

114 Phil Galewitz, Katheryn Houghton, Brett Kelman, Samantha Liss, "'Worse than people can imagine': medicaid 'unwinding' breeds chaos in states," USA Today, November 2, 2023, https://www.usatoday.com/story/news/nation/2023/11/02/medicaid-unwinding-chaos-more-than-10-million-terminated/71395554007/.

115 Nada Hassanein, "States lose track of thousands of foster children each year," Miami Herald, November 13, 2023, https://www.miamiherald.com/news/nation-world/national/article281783843.html.

116 Hassan Kanu, "US prisons rife with human rights abuses, especially against Black people, UN says," Reuters, October 5, 2023, https://www.reuters.com/legal/government/column-us-prisons-rife-with-human-rights-abuses-especially-against-black-people-2023-10-04/.

117 Jeff Amy, "Judges say Georgia's child welfare leader asked them to

illegally detain children in juvenile jails," The Associated Press (AP), October 31, 2023, https://apnews.com/article/georgia-foster-children-jon-ossoff-candice-broce-6a2d4e84fe50c8ae91942fb2dbf25ddb.

118 Ed Pilkington, "Louisiana ordered to remove teens from 'intolerable' conditions at state prison," The Guardian, September 11, 2023, https://www.theguardian.com/us-news/2023/sep/11/louisiana-angola-prison-teens-conditions.

119 Kevin Mcgill, "Louisiana moves juveniles from adult penitentiary but continues to fight court order to do so," The Associated Press (AP), September 16, 2023, https://apnews.com/article/louisiana-juveniles-adult-prison-angola-7446878484d004bb3e3c2f262f3f7dab.

120 Tiffany Stanley, Lea Skene, "In US, Black survivors of the Catholic clergy sexual abuse crisis are nearly invisible," Los Angeles Times, November 30, 2023, https://www.latimes.com/world-nation/story/2023-11-30/in-the-us-black-survivors-are-nearly-invisible-in-the-catholic-clergy-sexual-abuse-crisis.

121 Gustaf Kilander, "One in 10 US girls say they've been raped, shocking CDC figures reveal," The Independent, February 13, 2023, https://www.the-independent.com/news/world/americas/crime/cdc-report-rape-sexual-violence-b2281540.html.

122 "US-Mexico border, 'world's deadliest' overland migration route: IOM," UN News, September 12, 2023, https://news.un.org/en/story/2023/09/1140622.

123 Lauren Villagran, "So many deaths, not enough ways to track them: migrant deaths surge at US-Mexico border," USA Today, November 30, 2023, https://www.usatoday.com/story/news/investigations/2023/11/30/us-mexico-border-sees-surge-migrant-deaths-el-paso-juarez/71751171007/?gnt-cfr=1.

124 Alisha Ebrahimji, "Texas is sending asylum seekers to major cities by bus with little notice. These mayors want to pump the brakes," CNN, January

3, 2024, https://edition.cnn.com/2023/12/30/us/asylum-seekers-texas-city-mayors/index.html.

125 Ariel Parrella-Aureli, “Migrant boy, 6, hit by driver outside of police station tent camp: ‘they need a place inside,’” Block Club Chicago, October 31, 2023, https://blockclubchicago.org/2023/10/31/migrant-boy-6-hit-by-car-police-station-tent-camp-at-makeshift-albany-park-migrant-tent-shelter/.

126 Michael Loria, Emmanuel Camarillo, “Migrants sleeping outside Chicago police stations brace for winter: we aren’t prepared,” Chicago Sun-times, October 14, 2023, https://chicago.suntimes.com/2023/10/13/23894854/migrants-chicago-police-stations-weather-outside.

127 “Southwest land border encounters,” US Customs and Border Protection, last modified, November 14, 2023, https://www.cbp.gov/newsroom/stats/southwest-land-border-encounters.

128 “Concluding observations on the fifth periodic report of the United States of America,” Human Rights Committee, December 7, 2023, CCPR/C/USA/CO/5.

129 Rita Omokha, “Detainees speak out against ‘abusive’ US migrant jail: ‘This place is horrible,’” The Guardian, December 6, 2023, https://www.theguardian.com/us-news/2023/nov/28/ice-detainees-lumpkin-georgia.

130 “Report: Sleep deprivation, torture rooms, a rigged deportation process, and attempted suicide at the Torrance County Detention Facility in Estancia, New Mexico,” Innovation Law Lab, February 15, 2023, https://innovationlawlab.org/media/2023.02.15-Torrance-Report.pdf.

131 Jessica M Vaughan, “Biden’s border policies facilitate shocking modern slavery,” New York Post, January 10, 2023, https://nypost.com/2023/01/10/bidens-border-policies-facilitate-shocking-modern-slavery/.

132 Hannah Davis, “Fighting human trafficking and battling Biden’s open border,” The Washington Times, March 8, 2023, https://www.washingtontimes.com/news/2023/mar/8/fighting-human-trafficking-and-

battling-bidens-ope/.

133 Beth Warren, "Cartel-backed pot grows linked to human trafficking, inhumane working conditions," USA Today, June 18, 2023, https://www.usatoday.com/in-depth/news/nation/2023/06/18/cartel-backed-pot-grows-linked-to-california-oregon-human-trafficking/70329795007/.

134 Aliza Chasan, "Dozens of suspected human trafficking victims found processing black market marijuana in California," CBS News, July 27, 2023, https://www.cbsnews.com/news/dozens-human-trafficking-victims-processing-black-market-marijuana-operation-merced-california/.

135 Hannah Dreier, "Alone and exploited, migrant children work brutal jobs across the US," The New York Times, February 25, 2023, https://www.nytimes.com/2023/02/25/us/unaccompanied-migrant-child-workers-exploitation.html.

136 Hannah Dreier, "Alone and exploited, migrant children work brutal jobs across the US," The New York Times, February 25, 2023, https://www.nytimes.com/2023/02/25/us/unaccompanied-migrant-child-workers-exploitation.html.

137 Jennifer Sherer, Nina Mast, "Child labor laws are under attack in states across the country: amid increasing child labor violations, lawmakers must act to strengthen standards," Economic Policy Institute, March 14, 2023, https://www.epi.org/publication/child-labor-laws-under-attack/.

138 Stephanie Savell, "How death outlives war: the reverberating impact of the post-9/11 wars on human health," Watson Institute International & Public Affairs of Brown University, May 15, 2023, https://watson.brown.edu/costsofwar/files/cow/imce/papers/2023/Indirect%20Deaths.pdf.

139 Katherine Yon Ebright, "What can a secretive funding authority tell is about the Pentagon's use of force interpretations?" Lawfare, October 11, 2022, https://www.lawfaremedia.org/article/what-can-secretive-funding-authority-tell-us-about-pentagons-use-force-interpretations.

140 Stephanie Savell, "United States counterterrorism operations under the

Biden Administration, 2021–2023," Watson Institute International & Public Affairs of Brown University, May 15, 2023, https://watson.brown.edu/costsofwar/files/cow/imce/papers/2023/Indirect%20Deaths.pdf.

141 Charlie Savage, Eric Schmitt, "Rules for Pentagon use of proxy forces shed light on a shadowy war power," The New York Times, May 14, 2023, https://www.nytimes.com/2023/05/14/us/politics/military-proxy-niger-somalia-human-rights.html.

142 Joseph Clark, "DOD Announces $800m security assistance package for Ukraine," US Department of Defense, July 7, 2023, https://www.defense.gov/News/News-Stories/Article/Article/3451905/dod-announces-800m-security-assistance-package-for-ukraine/.

143 "Continuation of the Istanbul agreements, shipping rev. 1, Ukraine and other topics — daily press briefing," UN Web TV, July 7, 2023, https://webtv.un.org/en/asset/k1m/k1me3i0puv.

144 "UN expert urges US government to review decision to transfer cluster munitions to Ukraine," OHCHR, September 20, 2023, https://www.ohchr.org/en/press-releases/2023/09/un-expert-urges-us-government-review-decision-transfer-cluster-munitions.

145 William Christou, Alex Horton, Meg Kelly, "Israel used US-supplied white phosphorus in Lebanon attack," The Washington Post, December 11, 2023, https://www.washingtonpost.com/investigations/2023/12/11/israel-us-white-phosphorus-lebanon/.

146 Josh Paul, "I knew US military aid would kill civilians and undermine Israeli security. So I quit," The New York Times, November 17, 2023, https://www.nytimes.com/2023/11/17/opinion/us-military-aid-war-israel.html.

147 "In Gaza genocide case, Palestinians seek immediate court order to stop Biden from arming and funding Israeli government, cite his legal duty to prevent, not further, genocide," Center for Constitutional Rights, November 16, 2023, https://ccrjustice.org/home/press-center/press-

releases/gaza-genocide-case-palestinians-seek-immediate-court-order-stop.

148 Fionnuala Ní Aoláin, "Expert welcomes historic visit to United States and Guantánamo detention facility and affirms rights of victims of terrorism and victims of counter-terrorism," OHCHR, June 26, 2023, https://www.ohchr.org/en/press-releases/2023/06/expert-welcomes-historic-visit-united-states-and-guantanamo-detention.

149 Mansoor Adayfi, "Our 'father' has finally been released from Guantanamo," Al Jazeera, February 16, 2023, https://www.aljazeera.com/opinions/2023/2/16/our-father-has-finally-been-released-from-guantanamo.

150 "Sanctions programs and country information," Office of Foreign Assets Control, December 28, 2023, https://ofac.treasury.gov/sanctions-programs-and-country-information.

151 "Economic, commercial embargo imposed by United States against Cuba harmful, violates UN Charter, speakers underline in General Assembly," United Nations, November 1, 2023, https://press.un.org/en/2023/ga12552.doc.htm.

152 "UN High Commissioner for Human Rights Volker Türk concludes official mission to Venezuela," OHCHR, January 28, 2023, https://www.ohchr.org/en/statements/2023/01/un-high-commissioner-human-rights-volker-turk-concludes-official-mission.

153 Doug Bandow, "The cruelty of our Syria sanctions," The American Conservative, June 1, 2023, https://www.theamericanconservative.com/the-cruelty-of-syria-sanctions/.

154 "Iran: over-compliance with unilateral sanctions affects thalassemia patients, say UN experts," OHCHR, February 14, 2023, https://www.ohchr.org/en/press-releases/2023/02/iran-over-compliance-unilateral-sanctions-affects-thalassemia-patients-say.

155 Human Rights Council, "The negative impact of unilateral coercive measures on the enjoyment of human rights," United Nations, April 3, 2023, A/HRC/RES/52/13.

2023 年美国侵犯人权报告

中华人民共和国国务院新闻办公室

2024 年 5 月

序　言

2023 年美国的人权状况继续恶化。在美国，人权朝着日益两极分化的方向发展。与占据政治、经济和社会支配地位的少数人相比，大多数普通民众越来越被边缘化，基本权利和自由被虚置。76% 的美国人认为自己的国家正处于错误的发展方向上。

美国政党恶斗、政府失能、治理失效，公民权利和政治权利无法得到有效保障。两党难以达成控枪共识，大规模枪击事件持续高发，约 4.3 万人死于枪支暴力，平均每天死亡 117 人。警察执法滥用暴力，2023 年至少 1247 人死于警察暴力，创 2013 年以来新高，执法问责制度却形同虚设。美国人口不到全球的 5%，囚犯数量却占全球的 25%，是名副其实的“监狱国家”。政党恶斗持续加剧，利用选区划分操弄选举，众议院两度上演“议长难产”闹剧，政府公信力继续下跌，美国民众对联邦政府的信任度仅为16%。

美国种族主义根深蒂固，种族歧视情势严重。联合国专家指出，针对非洲裔的系统性种族主义已经渗透到美国警察部队和刑事司法系统。由于医疗服务领域存在严重的种族歧视，非洲裔孕产妇死亡率几乎是白人女性的3倍。近六成亚裔表示面临种族歧视，针对华裔科学家的“中国行动计划”贻害深远。种族主义意识形态在美国社交媒体、音乐、游戏等多平台恶性传播并跨国溢出，美国成为极端种族主义的主要输出国。

美国贫富分化加剧，“工作者贫困”现象凸显，经济社会权利保障制度空转。长期以来的劳资分配差异悬殊，导致贫富差距达到1929年经济大危机以来最严重的程度。美国有1150万个低收入工薪家庭，联邦最低时薪标准自2009年以来一直没有上调，2023年1美元购买力已降至2009年的70%。低收入家庭难以支付食品、房租和能源等基本生活所需，无家可归者超过65万人，创16年来新高。“工作者贫困”使辛勤劳作者的“美国梦”破碎，导致2023年发生了21世纪以来波及范围最广的罢工潮。

美国妇女儿童权利长期遭受系统性侵犯，保障性别平等的宪法规定付之阙如，至今未批准联合国《消除对妇女一切形式歧视公约》，而且是联合国会员国中唯一没有批准《儿童权利公约》的国家。美国参议院 2023 年 4 月否决了保障性别平等的宪法修正提案。美国每年约有 5.4 万名妇女因遭受怀孕歧视而失业。超过 220 万育龄妇女无法获得产科护理。至少有 21 个州命令禁止或严格限制堕胎。孕产妇死亡人数近 20 年来增加了一倍多。职场、校园、家庭等多领域的性暴力层出不穷。儿童的生存权与发展权堪忧。大量儿童被排除出医疗补助计划。枪支暴力成为儿童死亡的主要原因。毒品滥用在青少年群体中蔓延。46 个州被发现瞒报约 3.48 万例寄养儿童失踪案件。

美国是一个在历史和现实中均受益于移民的国家，却存在严重的排斥和歧视移民问题。从 1882 年臭名昭著的“排华法案”到 2017 年广受国际社会谴责的“禁穆令”，排斥与歧视移民的做法已深嵌于美国制度结构中。如今，移民问题成为党争逐利与政治“甩锅”的工具，政客们对移民的个人权利和福祉弃之不顾，移民政策被简单复制为“你赞成我就反对”的党派决裂立场，最终沦为利用选民的政治作秀。移民乱局陷入无解的恶性循环，移民及儿童遭受大规模逮捕、人口贩运与剥削等残酷对待。政治极化及美式人权的虚伪本质在移民问题上表现得淋漓尽致。

美国长期奉行霸权主义，推行强权政治，滥用武力和单边制裁；持续向他国输送集束弹药等武器，加剧区域紧张局势和地区武装冲突，造成大量平民伤亡和严重人道主义危机；大肆实施“外国代理人”行动，破坏他国社会稳定，侵犯他国人权；至今不肯关闭关塔那摩监狱。

一、公民和政治权利沦为空谈

美国枪支暴力造成惨痛生命代价，政党恶斗导致难以达成控枪共识。政府滥用权力监控公民隐私，警察暴力愈演愈烈，警察执法问责制度形同虚设。政治极化持续加剧，选举操弄肆意横行，政府公信力继续下跌。

枪支暴力造成惨痛生命代价。数据显示，美国所有类型的枪支暴力事件都呈上升趋势。[1] 根据“枪支暴力档案”网站统计的数据，2023 年美国至少发生了 654 起大规模枪击事件。枪支暴力导致近 4.3 万人死亡，平均每天死亡 117 人。[2] 例如，美国广播公司新闻网站 2023 年 10 月 28 日报道，缅因州发生大规模枪击事件，造成至少 18 人死亡，13 人受伤。[3]《今日美国报》网站 2023 年 12 月 6 日报道，拉斯韦加斯 3 名大学教授被一名前同事枪杀。美国大学教授协会主席艾琳·马尔维称，枪支暴力是“不可接受的国家威胁”，敦促美国政府进行枪支政策改革。[4] 美国与枪支有关的伤亡人数激增，引发联合国人权事务委员会的严重关切。[5]

枪支暴力危害外溢。美国枪支泛滥导致枪支走私行为在周边国家愈演愈烈，给当地民众生命安全与地区稳定带来巨大危害。墨西哥政府数据显示，每年有超过 50 万支枪从美国走私流入墨西哥。[6]2014 年至 2018 年间墨西哥暴力犯罪现场收缴的枪支超过 70% 来自美国。[7]拉丁美洲“犯罪洞察”组织 2022 年的调查报告显示，从美国流入加勒比地区的非法枪支导致该地区的谋杀犯罪率不断升高。[8]

政党恶斗导致难以达成控枪共识。联合国人权事务委员会呼吁美国采取一切必要措施有效保护生命权，防止和减少枪支暴力。[9] 皮尤研究中心网站 2023 年 6 月 28 日发布的调查报告显示，枪支暴力被广泛认为是一个重大且日益严重的国家问题，58% 的受访者赞成更严格的枪支管控法律，超过 60% 的美国成年人认为枪支暴力是当今美国的重大国家问题。[10] 然而美国政客罔顾国际社会与国内民众控枪呼声，只顾金钱和政治私利，使美国的枪支泛滥长期得不到有效控制。半岛电视台专栏作家贝伦·费尔南德斯在《美国的枪支暴力：资本主义就是祸首》一文中认为，“美国是一个将利润置于人民之上的国家”。布法罗超市枪击案、尤瓦尔迪小学枪击案、高地公园游行枪击案等一连串造成大量人员伤亡的枪击事件已经定义了美国的生活。美国枪支制造巨头史密斯－韦森公司仅 2021 年就通过销售突击式步枪（大规模枪击事件中经常出现的凶器）赚取了至少 1.25 亿美元。[11] 美国宪法学者、杜克大学法学院教授约瑟夫·布洛彻认为，政治博弈极大地损害了制定有效立法以遏制美国枪支暴力的努力。[12] 即使大规模枪击事件频发，两党也不太可能在制定枪支管控具体措施上达成新的共识。在党争极化与利益集团推动下，越来越多的州政府主动推动立法以扩大居民拥有与携带枪支的权利。2023 年美国至少有 27 个州不需要许可证就可携带手枪。[13] 枪支暴力痼疾难消，政府管控政策不力，最终付出的是普通民众的生命代价。

政府滥用权力监控公民隐私。联合国人权事务委员会指出，美国《涉外情报监视法》第 702 条的范围过于宽泛，该法不仅允许美国执法人员监视外国人的电子通信，执法人员还可能利用法律漏洞在没有搜查令的情况下获取大量美国公民的通信信息（即“后门搜查”），并且缺乏明确透明的监督机制。[14] 美国众议院情报委员会 2023 年 11 月 16 日发布的报告显示，美国联邦调查局将《涉外情报监视法》第 702

条规定转用于进行国内监控，“广泛而持续地”监控国会议员、国会竞选活动捐助者以及反种族主义抗议者的通信。[15] 布伦南司法中心网站 2023 年 11 月 20 日报道，十几年来，纽约警察局滥用社交媒体从事非法活动，包括监视公共集会、在没有证据的情况下跟踪公民个人及其联系人等，而这些行为并未受到监督和问责。[16]

宗教不容忍问题恶化。宗教偏见是美国社会长期存在的问题。近年来，由宗教不容忍引起的犯罪数量持续增加。美国联邦调查局 2023 年 10 月发布的仇恨犯罪统计显示，2022 年美国基于宗教的仇恨犯罪事件高达 2042 起。[17] 美国伊斯兰关系委员会 2023 年 4 月发布报告称，2022 年度共收到 5156 份涉及对穆斯林歧视的投诉，主要关乎就业歧视、教育歧视和执法不公，其中与教育相关的投诉案件比 2021 年增加了 63%。[18]

言论和表达自由受到压制。美国政府当局、政治人物、执法官员等对媒体机构和记者的骚扰、恐吓、威胁和攻击，受到联合国人权事务委员会关注。以得克萨斯州、佛罗里达州、密苏里州、犹他州和南卡罗来纳州为代表，越来越多的州通过立法颁布禁令，禁止公立学校使用涉及种族、历史、性别等特定主题的教育材料和书籍。[19] 面对激增的审查制度，个人权利和言论基金会的立法政策主任乔·科恩“深感不安”。根据该基金会的追踪调查，在美国大学校园里，教职员工因言论或表达而受到惩罚或解雇的数量创 20 年来新高。美联社 2023 年 3 月 15 日报道，艺术家卡特里娜 · 马吉库特在爱达荷州刘易斯顿一所公立学校举办展出，用刺绣作品展示慢性病、毒品等医疗保健问题。这一展出遭到审查并被移除，理由是涉嫌与该州“禁止堕胎公共资金法案”相抵触。与之类似，艺术家莉迪亚 · 诺布尔斯制作的 4 部展现女性堕胎经历的纪录作品也被删除。[20]

警察滥用暴力致死人数创下新高。布伦南司法中心网站 2023 年 2 月 3 日发表的《终结警察暴力文化》文章指出，美国的国家安全大厦是建立在制度性暴力的文化和传统之上的。[21] 美国警察滥用武力执法问题突出，但大多执法部门拒绝公布使用武力的数据。“警察暴力地图”网站的数据显示，美国警察 2023 年至少杀害了 1247 人，创该组织自 2013 年开始全国追踪以来的最高纪录。[22] 这意味着平均每天至少有 3 人被警察杀害。

警察执法问责制度形同虚设。加利福尼亚大学伯克利分校公共政策与政治学教授艾米 · 莱尔曼和霍普金斯大学政治学教授维斯拉 · 韦弗合著的《逮捕公民：美国犯罪控制的民主后果》一书指出，美国警察部门一贯排斥公民对其执法行为合法性的质疑，对警察违法行为进行责任追究的机制形同虚设。[23]华盛顿大学学者伊芙·伍尔和莫森·纳哈维在国际医学期刊《柳叶刀》发表论文指出，美国疾病控制与预防中心的官方死亡统计数据库中，超过一半的警察杀人事件被错误地标记为“一般凶杀或自杀”。[24]《纽约时报》网站 2023 年 1 月 31 日报道指出，美国警察内务部门往往更热衷于为同僚开脱罪责，而非对不当行为开展调查，致使警察难以受到追责。警察工会不遗余力地攻击批评者，为不良行为者开脱。[25]

大规模监禁与强迫劳动问题突出。美国人口不到全球的 5%，但囚犯占全球在押囚犯的 25%，是全世界监禁率最高，同时也是监禁人数最多的国家。[26]美国公共政策智库“监狱政策倡议”2023 年 10 月发布的《关于美国大规模监禁及其影响的 10 项统计数据》报告显示，每天都有约 200 万人被关押在美国联邦和各州的监所及移民拘留设施，还有约 370 万人受到缓刑和假释等社区监督。[27]芝加哥大学法学院与美国公民自由联盟 2023 年 6 月发布的报告显示，美国监狱劳工每年创造价值数十亿美元的商品与服务，大部分州付给囚犯的时薪仅为美国联邦最低工资标准的 2% 至 3%，部分州甚至不会有任何报酬。[28]“监狱政策倡议”组织 2023 年 3 月 14 日报道，囚犯在美国监狱的工作是强制性的，被监禁的“工人”几乎没有权利和保护。监狱强迫囚犯以低薪或无薪、无福利的方式工作，同时向他们收取必需品费用，使监狱能够将监禁成本转移到被监禁者身上。[29]

党争恶斗持续加剧。美国两党间争斗激烈，两党内部也陷入了碎片极化乱象的僵局。2023 年 1 月，第 118 届美国国会开幕当天，众议院便遭遇“议长难产”危机。经过 15 轮拉锯式投票之后，众议院才选出新议长。2023 年 4 月，田纳西州议会将议员贾斯汀 · 琼斯和贾斯汀 · 皮尔逊驱逐，理由是他们在一起校园枪击事件发生后，声援当地民众呼吁加强枪支管控的示威，引发政坛一片哗然。2023 年 10 月初，由于在新财年拨款等重大问题上无法达成共识，众议院议长遭遇了史无前例的罢免。随后，众议院再次上演了比 9 个月前更疯狂的“议长难产”闹剧。两党议员不顾美国联邦财政支出临时拨款即将到期、联邦政府面临关门危机的实际情况，对议长职位进行了 22 天的争夺。由于没有议长，众议院处于停摆状态，从而中断了美国正常政治议程。英国《经济学人》周刊网站 2023 年 12 月 28 日发表文章回顾 2023 年美国政坛的乱象。文章评论称，由于政党忙于内斗，2023 年的美国国会没有通过多少立法，堪称自美国内战以来效率最低的国会，“这一年的立法亮点或许是《鸭票现代化法案》”（该法案的主要内容是对一项法律条款作出修改，使候鸟狩猎许可电子化）。[30]

两党继续操弄选举。美国金钱政治盛行，选举烧钱规模膨胀。公开数据显示，2023 年参与肯塔基州州长选举的民主、共和两党候选人仅用于竞选广告的开支就达到9100万美元，超过 2019 年上一次州长选举竞选广告花费的 3 倍，是 2023 年最昂贵的选举。[31] 美国两党持续变换花样操弄选区重划，为党争私利而扭曲普通民意表达。普林斯顿大学“杰利蝾螈”项目对美国 2021 年开始的选区重新划分实证研究显示，美国有 16 个州在国会选区划分上存在明显的操弄表现，其中 12 个州为“整体上严重操弄选区的州”。[32] 2023 年，纽约、佛罗里达、佐治亚、北卡罗来纳等多个州相继高调进行了具有明显党派利益色彩的国会众议院选区重划，直接涉及超过五分之一的国会众议院席位的政党归属。在纽约州的 26 个国会众议院席位当中，2022 年选举后民主党占据 15 席，共和党占据 11 席，但按照民主党主导的 2023 年重新划分选区的新地图，民主党在维持 15 席的同时还可以在共和党控制席位的至少 6 个选区中形成足够强有力的竞争。北卡罗来纳州两党对 14 个国会众议院席位目前大体平分秋色，但按照共和党在 2023 年重新划分选区后的安排，共和党至少可以维持 10 个选区即 10 席的控制权。[33]

政府公信力继续下跌。美国广大普通民众对联邦以及各级政府极度失望，多数认为美国正处于错误的发展方向。皮尤研究中心的调查数据显示，美国民众对联邦政府的信任度长期处于历史低位，2023 年仅为 16%。[34] 盖洛普民调机构逐月调查的结果显示，2023 年 1 月至 12 月，有 76% 至 81% 的美国民众对国家发展态势表示不满意。[35] 此外，76% 的美国人认为自己的国家正处于错误的发展方向，认为美国处于正确的发展方向者仅为 23%。[36] 美国年轻群体对民主政治实践普遍不满。根据美利坚大学政治经济研究所 2023 年的调查，18 岁至 34 岁受访者中，48% 的人认为美国政治制度更多地阻碍他们实现美国梦。[37] 美国年轻人对政党政治疏离，投票意愿不高。塔夫茨大学发布的研究显示，2022 年美国国会中期选举中，全国范围内年轻选民的投票率仅为 23%。[38]

二、种族主义顽疾贻害深远

联合国人权事务委员会指出，美国的种族主义至今仍以种族定型、警察杀人以及许多侵犯人权的形式存在。美国少数族裔面临系统性、持续性、全面性的种族歧视，种族主义意识形态在美国社会广泛流行并向国际社会恶性传播。

非洲裔在执法领域面临严重种族歧视。2023年1月3日，洛杉矶31岁的非洲裔男子基南·安德森涉嫌交通肇事，警方在制服他的过程中使用电击枪击中其6次，致其心脏病发，送医不治身亡。[39] 2023年1月7日，田纳西州孟菲斯市的警察以“鲁莽驾驶”为由将29岁的非洲裔男子泰尔·尼科尔斯拦下，并对其进行长达数分钟的残忍殴打。3天后尼科尔斯因伤势过重去世，而事后的调查无法证实警察关于其“鲁莽驾驶”的说法。[40] 这两起非洲裔遭受警察暴力执法身亡案例引发多名联合国专家的高度关注。专家们强调，在两起事件中，警察使用的武力违反保护生命权，禁止酷刑和其他残忍、不人道或有辱人格的待遇或处罚的国际准则，也不符合联合国《执法人员行为守则》和《执法人员使用武力和火器的基本原则》。[41] 联合国人权理事会在执法工作中推进种族正义和平等的国际独立专家机制在对美国实地访问后发布报告指出，针对非洲裔的系统性种族主义已经渗透到美国警察队伍和刑事司法系统。非洲裔被警察杀害的可能性是白人的3倍，被监禁的可能性是白人的4.5倍。在每年1000多起警察杀人案件中，只有1%的涉事警察被指控。报告警告说，美国如果不按照国际标准改革警察使用武力的规则，许多杀戮将继续发生。[42]

针对非洲裔的仇恨犯罪频发。美联社 2023 年 8 月 29 日报道，一名戴着面具的白人男子在佛罗里达州杰克逊维尔开枪打死 3 名非洲裔美国人，枪手发表种族主义言论后自杀。[43]《今日美国报》网站 2023 年 8 月 29 日报道，多起针对非洲裔的枪击案发生后，非洲裔愈发感到不安。众议院国土安全委员会原主席本尼 · 汤普森指出，包括杰克逊维尔枪击案在内的种族袭击，凸显了针对非洲裔社区日益增长的暴力趋势。[44] 美国联邦调查局 2023 年 10 月发布的仇恨犯罪统计显示，2022 年美国针对非洲裔的仇恨犯罪事件高达 3424 起。[45]加利福尼亚州检察长办公室 2023 年 6 月 27 日发布的报告显示，该州针对非洲裔的仇恨犯罪事件从 2021 年的 513 起增加至 2022 年的 652 起，增加了 27.1%。[46]

非洲裔在医疗领域面临严重种族不平等。联合国人口基金 2023 年 7 月发布的报告显示，由于医疗保健体系中存在系统性种族主义，美国非洲裔孕产妇死亡率高于所有其他族裔和群体。[47] 根据美国疾病控制与预防中心的数据，每 10 万名怀孕或分娩期间的非洲裔孕妇中有 69.9 人死亡，几乎是白人女性的 3 倍，并且这种差异在不同教育与收入水平的非洲裔妇女群体中都普遍存在。[48]美国非洲裔婴儿的死亡率也是所有族裔中最高的，每 1000 名活产婴儿中有近 11 人死亡，大约是平均死亡率的 2 倍。[49]

对非洲裔种族迫害的赔偿遥遥无期。美国南北战争结束不久后，美国政府承诺向曾被奴役的每一个非洲裔家庭进行赔偿，但一百多年来这一承诺从未兑现。1989 年，美国众议院非洲裔议员约翰·科尼尔斯提出“研究和制定非洲裔美国人赔偿提案委员会法案”（H.R.40 法案），但这一法案数十年来从未进入过国会表决程序。[50] 1921 年，美国俄克拉何马州塔尔萨地区发生针对非洲裔的种族屠杀事件，导致数百人遇害。为塔尔萨大屠杀最后 3 位已知幸存者争取赔偿的诉讼仍未定案，而其中年龄最小的幸存者休斯·范·埃利斯已于 2023 年 10 月去世。[51]皮尤研究中心 2023 年 8 月 10 日发表的报告显示，83% 的非洲裔美国人表示，美国政府所做的确保平等的努力还远远不够。[52]许多不满美国政治和种族歧视的非洲裔选择离开。离开美国的非洲裔在葡萄牙、加纳、哥伦比亚和墨西哥等地建立了新的社区，这已然成为一种名为“Blaxit”（“Black”和“exit”的结合）的潮流，并在社交媒体上广泛流传。他们高呼：“美国配不上我！”[53]

对亚裔的歧视变本加厉。皮尤研究中心 2023 年 11 月

30 日发布的调查结果显示，近 60% 的亚裔美国人表示，他们因种族或族裔面临歧视。[54] 美联社参与的调查发现，51% 的亚裔和太平洋岛民认为种族主义在美国是一个“极端”或“非常严重”的问题。[55] 哥伦比亚大学社会工作学院与非政府组织“百人会”2023 年 4 月 27 日联合发布的调查报告显示，有近四分之三的华裔美国人在近 1 年中遭受过种族歧视，55% 的华裔美国人担心仇恨犯罪或骚扰危及人身安全。[56]

对华裔科学家的迫害仍在持续。虽然美国政府针对华裔科学家的“中国行动计划”被暂停，但该计划带来的深远影响犹在，众多华裔科学家仍然有强烈的不安全感。美国《科学》杂志 2023 年 3 月 23 日刊发文章，讲述了“中国行动计划”对华裔科学家的迫害。在被美国国立卫生研究院调查的 246 人中，103 人失去工作，超过五分之一的人被禁止在 4 年内申请国立卫生研究院资助，给他们的学术生涯带来重大打击。这 246 人中有 81% 的科学家是亚裔。[57] 普林斯顿大学、哈佛大学和麻省理工学院对近 1400 名在美国大学担任终身教职的华裔美国人的调查显示，72% 的人表示没有安全感，42% 的人害怕在美国开展研究。[58]

中国留美学生在美国海关经历噩梦般待遇。近年来，美国政府不断泛化所谓“国家安全”概念，将学术研究政治化、武器化，捏造各种借口阻塞国际人文、科技交流合作。《中国科学报》2024 年 1 月 11 日报道，多名中国留学生在美国海关遭受无故刁难和非人道待遇，陷入无法如期完成学业的困境。中国留学生孟菲（化名）2023 年 12 月 19 日在华盛顿杜勒斯国际机场被美国海关先后两次扣留长达 20 小时，飞到洛杉矶等待转机时又被扣留 5 小时后遭遣返。在此期间，她不仅在审查官的诱导及两名持枪和电棍的警察注视下被迫签字“接受遣返”，还遭到让人倍感屈辱的搜身，被单独禁闭 12 小时。霍普金斯大学中国留学生魏娜（化名）2023 年 11 月 24 日在杜勒斯国际机场同样被美国海关审查官告知遣返，理由是其签证在入境前两天就被美国驻华大使馆取消了。但魏娜回到中国后多次联系美国驻华大使馆，却被告知其签证不是大使馆撤销的，而是美国海关的决定。多名有同样遭遇的中国留学生表示，其在美国海关的笔录被有意或无意地篡改过。她们为完成学业寻求各界帮助，即便其所在的美国学校联络海关，也未得到任何有效回复，有的人不得不选择退学。[59]

侵犯印第安原住民权利遗害未消。美联社 2023 年 11 月 6 日报道，150 多年来，印第安原住民儿童被带离他们的社区并被迫进入寄宿学校，寄宿学校虐待学生以将他们与白人社会同化，这些学校造成的创伤已经波及几代人，助长了酗酒、吸毒成瘾和性虐待等问题。[60] 美国有线电视新闻网 2023 年 11 月 22 日报道，几百年来，印第安原住民始终生活在文化压迫之中，其宗教信仰和传统习俗被无情扼杀。2023 年 8 月，一名 8 岁的印第安男孩被学校强制要求剪掉长发。但根据该男童所属怀恩多特族的文化传统，他们只有在亲人离世时才会剪掉长发。[61] 美国国家环境健康科学研究所 2023 年 11 月 20 日发布的报告显示，与其他族裔的美国人相比，印第安人和阿拉斯加原住民的健康状况长期较差，原住民的预期寿命低、医疗负担重是普遍存在的问题。[62] “美国原住民联结”组织首席执行官特鲁拉·安·布鲁宁格表示，印第安原住民的医疗保障资金严重短缺，美国联邦政府虽然为原住民提供了医疗保障，但是资金与实际需要存在鸿沟。[63] 美国卫生与公共服务部下属的印第安人卫生服务局为近 260 万印第安原住民提供联邦政府资助的医疗保障，但这个数字尚不到全国印第安人和阿拉斯加原住民人口的 50%。与其他族裔相比，美国印第安人和阿拉斯加原住民缺乏医疗保障的比例最高。[64]

少数族裔遭遇职场歧视。美国一家名为“温室”的招聘软件公司发布的《2023 年求职者面试经历报告》显示，招聘过程中的歧视现象“相当令人担忧”。34%的求职者在面试中遇到过歧视性问题，近1/5的求职者曾试图通过在简历中更改姓名，以避免受歧视性招聘行为的影响。在改名的求职者中，有45%是为了让自己听起来“不那么有族裔特点”。[65]英国《卫报》网站2023年4月23日披露，美国政府数十年来刻意逃避劳工保护责任，压榨少数族裔劳工。纽约的有色族裔护工不仅被迫接受连续长时间的工作，薪资还受到克扣。不少护工因此罹患失眠、慢性病等疾病，对护工及其家庭造成严重伤害。[66]少数族裔劳工一直尝试通过各种渠道争取权利保障，但在一些利益集团阻碍下成效寥寥。[67]沃克斯新闻网2023年6月12日报道，在美国，非洲裔一直比白人挣得少。这种差异意味着在种族歧视的影响下，非洲裔时间价值明显低于白人，为了弥补歧视造成的工资差距，非洲裔工人每天必须多工作2.7小时。[68]

种族主义意识形态在美国恶性传播并跨国溢出。随着美国种族主义问题的不断恶化，种族主义意识形态和言论的传播也呈现出新的态势。种族主义者在互联网上开辟出了新的传播空间，借助社交媒体、音乐、游戏等多平台对少数族裔进行广泛的侵害和骚扰。[69]2022年5月在纽约布法罗一家超市杀害10名非洲裔的白人枪手佩顿·根德隆在游戏聊天应用社区上发布消息称，某游戏平台上的一款游戏对他的激进行为产生了巨大影响。[70] 2023 年 7 月，马萨诸塞州一名 14 岁的白人男孩“出于种族动机”试图淹死一名非洲裔男孩，事发时还有在场的其他白人男孩戏称受害者为“乔治 · 弗洛伊德”。[71] 美国的种族主义呈现出跨国扩散的态势，美国成为极端种族主义的主要输出国，引起了多个国家的警惕。美国外交关系委员会研究员布鲁斯 · 霍夫曼和雅各布 · 韦尔 2023 年 9 月 19 日在《外交事务》杂志网站发表《美国仇恨向全球传播》一文称，美国已成为输出极右翼极端主义和恐怖主义的典型国家。阴谋论、种族优越论、反政府极端主义以及其他形式的仇恨和不宽容言论在美国本土蔓延得如此严重，以至于有些国家已经将美国部分团体和公民标记为外国恐怖分子。[72]

三、经济和社会不平等日益加剧

美国不仅缺乏关于工作权、受教育权、健康权的宪法规定，且始终不肯批准《经济社会文化权利国际公约》。贫穷者被归因为“自身懒惰”而陷入“贫困陷阱”，经济、社会和文化权利被污名化为“福利奶酪”。“工作者贫困”现象广泛存在，贫富分化进一步扩大。

贫富鸿沟进一步拉大。美国的贫富差距已经达到1929年经济大危机以来最严重的程度。全球统计数据库2023年11月3日公布的数据显示，2022年美国的贫困率高达11.5%。[73]美联储调查显示，截至2023年6月，美国底层80%家庭的超额储蓄已耗尽，但在最富有的20%家庭中，现金储蓄仍比新冠疫情暴发时的水平高出约8%。[74]2023年第三季度，美国总财富的66.6%由收入最高的10%的人拥有。相比之下，收入最低的50%的人只拥有总财富的2.6%。[75]美国经济学家马修·德斯孟德一针见血地指出，2023年，大多数美国人在辛勤工作，然而，富者越来越富，那些挣扎在社会底层的人受困于根深蒂固的贫困。美国社会的机会被囤积、社会流动性降低，植根于三重制度性设计：剥削穷人、补贴富人、阶层隔离。[76]

“工作者贫困”问题突出。美国劳动力市场状况发生了结构性变化，低薪岗位和缺乏监管普遍存在。[77]有大批“工作穷人”终日劳作，其工资水平却难以维持基本生计，还缺乏应有的社会保障。美国联邦最低时薪标准自2009年以来一直没有上调。[78]美国劳工部的数据显示，2023年仍有20个州维持联邦最低时薪标准。[79]美国有1150万个低收入工薪家庭，包括1480万儿童在内的2990多万美国人生活在这些低收入工薪家庭。[80] 劳资收入增长悬殊导致多行业大面积罢工。2023 年，美国发生了 21 世纪以来波及范围最广的罢工潮，包括影视、制造、医疗、媒体在内的多个行业都出现大规模罢工。[81] 加利福尼亚州大学公共政策与政治学院副教授本杰明·纽曼评论称，陷入结构性贫困之中的“工作穷人”既缺乏机会平等，也难以向上流动，他们极大地降低了对“美国梦”的信念。[82]

低收入家庭难以支付基本生活所需。美国 2023 年物价水平保持高位，加上持续加息带来的负担等，美国人的生活费用持续几年上涨。根据美国劳工统计局的消费者价格指数，2023 年一美元的购买力仅相当于 2009 年的 70%。低收入家庭难以支付食品、房租和能源等基本生活所需，甚至储蓄耗尽负债累累。[83] 英国《金融时报》和密歇根大学罗斯商学院 2023 年进行的联合调查显示，74% 的美国受访者表示，食品价格上涨对他们的财务状况影响最大。[84] 美联储 2023 年 11 月 7 日公布的《家庭债务和信用报告》显示，美国的家庭债务在 2023 年第三季度达到历史性的 17.29 万亿美元。信用卡拖欠率和严重拖欠率（逾期 90 天以上）达 2011 年底以来的最高水平。[85]

无家可归者人数创 16 年来新高。美国住房和城市发展部 2023 年 12 月 15 日发布的报告显示，美国现阶段无家可归者人数超过 65 万人，创 2007 年有统计数据以来的新高。其中 40% 的无家可归者只能居住在缺乏庇护的街道、废弃建筑或其他恶劣环境中。[86] 无家可归者不仅生存维艰，还面临着越来越高的刑事定罪风险。[87] 全国无家可归者法律中心的研究发现，美国越来越多的城市正在积极立法对无家可归者进行惩罚。2006 年至 2019 年，美国在全市范围内禁止在公共场所露营的法令增加了 92%，禁止在公共场所露宿的法令增加了 50%，禁止在公共场所坐卧的法令增加了 78%，禁止在公共场所游荡的法令增加了 103%，禁止在车辆中居住的法令增加了 213%。[88] 根据这些法律，无家可归者在公共场所睡觉、露营、吃饭、坐卧、乞讨均被视为违法活动。[89] 当局有权将他们逐出公共场所，没收其财产，并将其隔离在通常不卫生和不人道的集体庇护所或监狱中。[90] 美国这种侵犯无家可归者基本人权的做法广受批评。联合国人权事务委员会敦促美国废除将无家可归定为犯罪的各级法律和政策，并采取立法和其他措施保护无家可归者的人权。[91]

大量家庭面临食物短缺。贫富悬殊、工作者贫穷和社会安全网缺失等，导致美国的饥饿和粮食不安全趋势再次抬头。美国农业部发布的报告显示，近 13% 的美国家庭在 2022 年处于食物短缺的困境中，该比率远高于 2021 年。[92] 这意味着有 4420 万美国人生活在三餐不继的家庭中，其中包括 1300 万儿童。

毒品和药物滥用持续蔓延。利益集团利用党争和金钱政治进行钱权交易，推动大麻合法化成蔓延之势。截至 2023 年 11 月，美国已有 24 个州将娱乐性大麻合法化。[93] 美国大麻市场研究机构“明场集团”的研究显示，2023 年美国大麻市场的年销售额估计超过 318 亿美元，到 2028 年将增至 507 亿美元。[94] 美国国立卫生研究院 2023 年 8 月发布的报告显示：2022 年美国 35 岁至 50 岁成年人中吸食大麻和使用致幻剂的人数分别为 28% 和 4%，达到历史最高水平；19 岁至 30 岁的年轻人中，一年内吸食过大麻的比例达 44%，每天吸食大麻的比例达 11%，使用过致幻剂的比例达 8%。[95] 美国药物滥用与心理健康服务局的调查显示，2022 年有 7030 万 12 岁以上的美国人滥用毒品，其中 6190 万人吸食大麻。[96] 密歇根大学 2023 年 12 月发布的调查报告显示，2023 年美国 10.9% 的 8 年级学生、19.8% 的 10 年级学生和 31.2% 的 12 年级学生曾滥用药物。[97]

自杀率持续攀升。《今日美国报》网站 2023 年 11 月 29 日报道，美国人的自杀率在近十几年间持续上升，2022

年每10万人中有14.3人自杀，达到1941年以来的最高点。根据美国疾病控制与预防中心2023年发布的报告，2022年估计有49449人死于自杀，比2021年增加了2.6%。[98] 2018年至2021年，10至24岁非洲裔人群的自杀率上升了36.6%，是所有年龄群体中增幅最大的。[99]

四、妇女和儿童权利遭受持续侵犯

美国宪法迄今没有禁止性别歧视的规定。职场性别歧视严重，男女收入差距扩大。妇女的生命权和健康权保障不足。孕产妇死亡率持续高居发达国家之首，禁止堕胎严重损害妇女生殖权利和健康权。职场、校园等多领域的性暴力层出不穷。儿童的生存权和发展权堪忧。儿童贫困人口激增，大量儿童医疗保险被取消，儿童健康权受到严重威胁。

禁止性别歧视的宪法规定长期付诸阙如。在20世纪50年代至60年代风起云涌的民权运动推动下，修改美国宪法以保障男女平等的立法行动于1972年提上议程，但历经50多年仍未实现。2023年4月，美国参议院否决了一项修改宪法以实现性别平等的提案。[100] 联合国人权事务委员会对美国宪法至今缺乏禁止性别歧视的保障条款表示遗憾。[101]

孕产妇死亡率居工业化国家之首。美国孕产妇死亡率在工业化国家中最高，且远远超过其他工业化国家。《美国医学会杂志》2023 年 7 月发表的研究显示，美国孕产妇死亡人数近 20 年来增加了一倍多。[102] 超过 220 万美国育龄妇女无法获得产科护理，另有 480 万育龄妇女生活在产科护理资源不足的地区。在亚拉巴马州，大约 39% 的县没有一个产科服务提供者，超过 24 万名妇女生活在没有或几乎没有产科护理保障的县。[103]

禁止堕胎使妇女生殖权利和健康权受到毁灭性打击。美国联邦最高法院 2022 年作出推翻保障妇女堕胎权的判决，致使数百万女性健康权、生殖保健权的法律保障受到毁灭性打击。截至 2023 年 12 月，美国至少有 21 个州命令禁止或严格限制堕胎。在这 21 个州，堕胎医疗服务基本无法获得。联合国专家指出，美国联邦最高法院的判决剥夺了妇女和女童获得包括性健康和生殖健康在内的全面医疗保健的基本人权，违反国际人权法。[104] 一些州的法律将提供或寻求堕胎护理的各类行为视为犯罪。这些法律限制妇女到其他州寻求堕胎护理，禁止药物流产。[105]

多领域存在针对妇女的暴力侵害。联合国人权事务委员会指出，在美国，包括家庭暴力和性暴力在内的暴力侵害妇女行为持续存在。美国的学校和高等教育机构以及武装部队中普遍存在针对妇女和女童的性暴力。[106]对美国最大的公立大学加利福尼亚州立大学的调查显示，该校 23 个校区普遍存在对性暴力的纵容。该校行政人员对收到的性侵指控大多不予调查；在少数予以调查的案件中，即使发现被告有错，也不采取行动。2018 年至 2022 年，该校至少 1251 名员工受到性骚扰指控，只有 254 宗得到调查。[107]西北大学的排球、足球、垒球、棒球等运动项目中不断爆出性侵丑闻，举报者称在这些项目中性虐待和种族歧视非常猖獗。[108]美国联邦调查局发布的数据显示，每年有 600 多名美国女性被亲密伴侣枪杀，大约每 14 小时就有一人被枪杀。[109]

职场性别歧视严重。男女工资差距持续拉大。英国《泰晤士报》网站 2023 年 8 月 8 日报道，美国男女工资差距已由 2019 年的 20.3% 扩大到 2022 年的 22.2%。[110]怀孕歧视普遍存在。英国《独立报》网站 2023 年 5 月 11 日报道，根据平等与人权委员会的数据，美国每年约有 5.4 万名妇女因怀孕歧视而失业。[111]

儿童贫困人口激增。美国人口普查局 2023 年 9 月发布的报告显示，2022 年美国贫困人口激增[112]，又有 500 多万儿童陷入贫困，儿童贫困率翻了一番多。这是有记录以来，儿童贫困人口的最大年度增幅。其中一个重要原因是美国政府取消了儿童税收抵免计划，使儿童再次陷入贫困。[113]

大量儿童医疗保险被取消。2023 年 4 月至 10 月，有超过 1000 万成人和儿童被美国联邦政府排除出医疗保险补助计划。阿肯色州儿童和家庭倡导者组织的卫生政策主任卡米尔·里丘说：“美国政府对医疗保险补助资格的重新评估并不是为了确定谁有资格享有，而是想尽办法把人们踢出这一计划。”儿童的健康状况受到这一变动的显著影响。在提供年龄数据的 20 个州，至少 180 万儿童享受医疗保险补助的资格被剥夺。[114]

每年有数千名寄养儿童失踪。美国卫生与公众服务部 2023 年公布的一项审计发现，46 个州瞒报了约 34800 例寄养儿童失踪案件。根据国家失踪和被剥削儿童中心的数据，2018 年至 2022 年间，佐治亚州有近 1800 名受国家照顾的儿童失踪，其中超过 20% 的人可能被贩卖。[115]

少年司法系统中的儿童遭受不人道待遇。2023 年 10 月，联合国人权理事会在执法工作中推进种族正义和平等的国际独立专家机制调查显示，美国刑事司法系统充斥着某些特有的不人道做法。美国是世界上唯一一个判处儿童终身监禁不得假释的国家。[116] 在佐治亚州，儿童福利机构的负责人要求法官将有精神问题和行为问题的儿童拘留在少年监狱。[117]

自2022年10月以来，多达80名儿童被带到路易斯安那州以暴力著称的安哥拉监狱，关押在死刑犯等待处决人员的牢房里。[118]尽管这些儿童与成年囚犯隔离，但他们遭受了危险的热浪，长时间被关在牢里，使用的是污水，更无法获得教育。[119]

性侵儿童案件泛滥。2023年初，马里兰州总检察长办公室发布了一份关于巴尔的摩总教区内儿童遭受性虐待的报告。该报告记录了600多起虐待案件。美联社的一项分析显示，在巴尔的摩总教区的27个非洲裔人口众多的教区中，有19个教区曾被指控教职人员涉嫌性虐待。然而遭受性虐待的受害者几乎没有发声的机会。[120]美国疾病控制与预防中心的数据显示，超过十分之一的美国女孩表示自己曾被强奸，高中女生“被越来越多的暴力和创伤所吞噬”。[121]

五、无证移民悲惨境遇触目惊心

党争成为移民政策的底色，政客们对移民权利和福祉弃之不顾，在移民问题上相互攻讦，既无力提高边境地区对移民的安置能力，也无心改善移民入境后的生存境遇，移民问题陷入无解的恶性循环。边境地区人道主义危机持续加剧，边境政策助长现代奴隶制，移民权利遭受践踏。

边境地区人道主义危机升级。美国政府在移民政策上大开空头支票，致使边境地区的人道主义危机不断加剧。美国南部边境被国际移民组织列为世界上最致命的陆路移民路线。[122]《埃尔帕索时报》2023 年 11 月 30 日报道，截至 2023 年 9 月 30 日的 12 个月里，仅在埃尔帕索边境巡逻区就有 149 名移民丧生。其中女性死亡人数比 2022 年增加了 2 倍多。边境巡逻人员有时每天发现 2 到 3 具尸体。得克萨斯州州长发言人称，埃尔帕索地区发生的事情是联邦政府在边境引发混乱的直接结果。埃尔帕索边境人权网络组织执行主任费尔南多 · 加西亚指责道，政府机构完全无视移民的生命价值，移民死亡源于美国政策，这是“政策致死”。[123]

“甩锅”移民闹剧大规模上演。美国有线电视新闻网 2023 年 12 月 30 日报道，自 2022 年 4 月以来，共和党人执政的得克萨斯州已经将 9 万多名移民送往由民主党人执政的华盛顿特区、纽约市、芝加哥、费城、丹佛和洛杉矶等城市。[124]芝加哥布洛克俱乐部网站 2023 年 10 月 31 日报道，自 2022 年 8 月以来，已有超过 1.9 万人抵达芝加哥，令该市收容系统不堪重负。包括儿童在内的一些移民只能被安置在临时帐篷中，甚至睡在大街上。[125]《芝加哥太阳时报》2023 年 10 月 14 日报道，年仅 6 岁的女童约翰 · 耶利斯与年迈老人住在临时帐篷里。随着冬季来临，寒冷的天气令他们处境艰难。[126]

入境移民遭受酷刑及其他不人道待遇。2023 财年，在美国南部边境遭逮捕或驱逐的移民总数达 240 多万人，再创历史新高。[127] 联合国人权事务委员会对移民在美国受到长时间的拘留表示担忧，批评美国的拘留所条件恶劣，人满为患，被拘押者无法获得食物、水和医疗服务，导致包括儿童在内的许多人死亡，公共和私营移民拘留设施存在性暴力、长期单独监禁、虐待等侵犯人权问题。[128] 英国《卫报》网站 2023 年 12 月 6 日报道，由美国私人监狱公司 CoreCivic 运营的位于佐治亚州兰普金的斯图尔特拘留中心存在长期单独监禁、性虐待、医疗疏忽以及强迫劳动等令人担忧的问题。[129] 创新法律实验室于 2023 年 2 月 15 日发布报告揭露，由 CoreCivic 运营的位于新墨西哥州埃斯坦西亚的托兰斯县拘留所存在对被关押者实施酷刑的现象。在夜间，每隔 15 分钟就会有一名警卫开着收音机的最大音量走过这些房间，大声地敲门，并用手电筒强光照进房间，吵醒任何可能睡着的人。在寒冷的天气里，每个房间的通风管道整夜都在吹冷空气。一些人试图用卫生纸或毯子盖住通风口，但警卫们拿走了用来阻挡冷空气的任何东西。这些牢房里，厕所污水和粪便溢出，人们被迫睡在臭气熏天的地板上。[130]

边境政策助长现代奴隶制。美国政府的边境政策加剧人口贩运问题。被遗弃在边境州城镇或被运往全国各地的移民，往往处于孤立无援境地，最容易受到剥削和贩运。那些非法越境后聚集在拥挤、缺乏监管的庇护所的儿童也成为人口贩子的猎物。[131] 在美国被贩运的人中，72% 是移民，其中大部分是通过偷渡入境，人口贩运的受害者多是妇女和儿童。打击贩卖妇女联盟的一项研究估计，60% 的越境无人陪伴移民儿童被犯罪集团强迫从事儿童色情甚至贩毒活动。[132]《今日美国报》网站 2023 年 6 月 18 日报道，移民被贩毒集团诱骗到加利福尼亚州北部和俄勒冈州南部的农场从事大麻种植，遭受奴役和强迫劳动。被贩卖的移民在大麻农场遭持枪恐吓，每天被迫工作 16 个小时甚至更长时间，有时连饭都吃不上。移民妇女遭到性侵犯，有些人被谋杀，尸体被丢弃在荒野中。[133] 美国哥伦比亚广播公司新闻网 2023 年 7 月 27 日报道，近 60 名遭人口贩运的受害者被偷运到加利福尼亚中部的一个非法大麻种植场所，被强迫加工大麻，向偷运者偿还债务。[134]

移民儿童遭受残酷的强迫劳动与剥削。《纽约时报》网站 2023 年 2 月 25 日刊文揭露了美国工厂非法雇佣移民童工和强迫劳动的事实。报道称，自 2021 年以来，大约有 25 万名无人陪伴的移民儿童进入美国。为了生存以及偿还担保人的各项费用，大部分儿童受到强迫劳动和剥削。移民童工的身影遍布全国数十个州的各危险行业场所，如建筑工地和屠宰场，经常上夜班和从事危险的工作，成为经济剥削形式中的“影子劳动力”。[135] 美国移民管理机构未经合理审查就将被拘押的儿童交由“担保人”领走，事实上成为人口贩运的共谋。在亚拉巴马州，一个 12 岁的移民女孩被迫在汽车零件冲压车间通宵工作；一个 12 岁儿童来到佛罗里达州的第二天就被安排去做盖屋顶工作；一个 13 岁的男孩在密歇根州养鸡场每天工作 12 小时，每周工作 6 天。[136] 立法机构充当了纵容剥削童工的角色。美国经济政策研究所 2023 年 3 月 14 日发布报告揭露，2023 年阿肯色州通过新的立法，取消了儿童须经父母许可的工作要求，明目张胆地为企业雇佣与家人分离的移民童工开脱责任。[137]

六、美式霸权制造人道主义危机

美国长期以来大搞霸权主义、单边主义和强权政治：以军事霸权威胁全球安全稳定，肆意进行军事干涉，搅动区域局势，挑动代理人战争，加剧地区武装冲突，滥施单边制裁，并以反恐为名实施非法拘禁和酷刑。

美国发动海外战争制造持久性人道主义灾难。美国布朗大学“战争代价”项目网站 2023 年 5 月发布的研究报告显示，“9 · 11”事件后，在美国进行海外“反恐”战争的战区，总死亡人数至少为 450 万至 470 万人，其中因战争破坏经济、环境、公共服务以及卫生基础设施所造成的间接死亡人数约达 360 万至 380 万人。[138]

美国通过“外国代理人计划”侵犯他国主权和人权。为了确保在未来的行动中拥有足够的资金和权限去支持外国武装力量，美国特种作战司令部推动了一项立法，即“1208”方案，并最终使其写入《美国法典》第 10 卷 127e 条。根据该法条，美国国防部每财年可获得一笔预算，用于支持那些协助美国特种部队实施“反恐”行动的外国军队、非常规武装力量、组织及个人。布伦南司法中心“自由与国家安全项目”法律顾问凯瑟琳 · 扬 · 埃布赖特指出，美国国防部依据 127e 条款招募、训练、装备外国军队和准军事人员及个人，向其支付工资，创建代理人部队并指挥和控制他们，使其代表美军追求军事目标。[139] 美国布朗大学网站 2023 年 9 月发布的报告显示，美国已在阿富汗、古巴、伊拉克、肯尼亚、马里、索马里、叙利亚、也门、埃及、黎巴嫩、利比亚、尼日尔和突尼斯等国家开展过被称为“127e”的行动。[140]《纽约时报》网站 2023 年 5 月 14 日报道，“127e”项目并未对代理人在执行计划时是否存在强奸、酷刑、法外处决等侵犯人权行为进行监督和审查。[141]

美国持续向冲突地区提供武器。美国国防部 2023 年 7 月 7 日发布的新闻稿显示，美国向乌克兰提供的价值 8 亿美元的额外军事援助中，包含大量集束弹药。[142] 联合国秘书长副发言人哈克 2023 年 7 月 7 日回答记者提问时表示，联合国秘书长安东尼奥 · 古特雷斯希望各国遵守《集束弹药公约》，不要在战场上继续使用集束弹药。[143] 联合国人权高专办网站 2023 年 9 月 20 日报道，联合国人权理事会酷刑和其他残忍、不人道或有辱人格的待遇或处罚问题特别报告员爱丽丝 · 吉尔 · 爱德华兹 2023 年 7 月向美国政府发出紧急信函，警告集束弹药会对平民造成严重伤害。[144]《华盛顿邮报》网站 2023 年 12 月 11 日报道，美国每年流入以色列的军火达数十亿美元，以色列在 10 月对黎巴嫩南部的一次袭击中使用了美国供应的白磷弹药，造成至少 9 名平民受伤。[145] 美国国务院政治军事事务局前局长乔希 · 保罗 2023 年 10 月 18 日在《纽约时报》网站发表专栏文章指出，美国每年向以色列提供至少 38 亿美元军事援助，加沙地带最严重的人员伤亡大多是由美国提供的弹药所导致的，谴责这种军事援助无视人权问题。[146] 美国人权组织“宪法权利中心”2023 年 11 月 16 日报道，灭绝种族与死刑问题专家威廉 · 沙巴斯指责美国未能履行防止种族灭绝的法律义务，违反了习惯国际法和《防止及惩治灭绝种族罪公约》。[147]

臭名昭著的关塔那摩监狱仍在运行。美国政府多次承诺关闭关塔那摩监狱，却一再食言。截至 2023 年，这座臭名昭著的监狱仍在运行。联合国人权理事会在反恐中促进和保障人权问题特别报告员菲奥努阿拉 · 尼奥莱茵于 2023 年 6 月 26 日结束对关塔那摩监狱的访问后指出：该监狱中仍有约 30 人在押，每一位被关押者都因引渡、酷刑和任意拘留而遭受持续不断的伤害，受到残忍、不人道和有辱人格的待遇，关闭监狱是当务之急；绝大多数曾被关押者的人权继续遭受侵犯，美国政府在向曾被关押者提供有尊严的生活所需的基本手段方面存在严重缺陷，包括合法身份、医疗保健、教育、住房、家庭团聚和行动自由，这些缺陷违反了美国在移交被关押者之前、期间和之后的国际法义务。[148] 2023 年 2 月 16 日，曾在关塔那摩监狱被任意关押 14 年多的艺术家、活动家曼苏尔 · 阿代菲在半岛电视台网站发表评论指出：“在遭受十几年的虐待后，美国干脆把我们抛弃了，没有提供任何支持、照顾或补偿。”[149]

长期滥施单边制裁造成严重人道主义后果。自1950年以来，美国使用的制裁次数居全球之首。根据美国财政部2023年12月28日公布的数据，美国制裁的国家超过20个。[150]第78届联合国大会发言人2023年11月1日指出，美国对古巴实施的经济、商业和金融封锁违反了《联合国宪章》，对古巴人民造成了毁灭性影响。[151]联合国大会2023年11月2日通过决议，再次敦促美国终止对古巴长达60多年的经济、商业和金融封锁，这是联合国大会连续第31年通过类似决议。2023年1月28日，联合国人权事务高级专员沃尔克·图尔克在访问委内瑞拉后表示，2017年以来美国施加的制裁加剧了委内瑞拉的经济危机，严重阻碍人权的实现。[152]“美国保守派”网站2023年6月1日报道，美国制裁进一步加剧了叙利亚人民的贫困。叙利亚70%的人口面临食物短缺，其中1200万人三餐不继，290万人食不果腹。[153]联合国人权理事会单边强制措施对人权负面影响问题特别报告员阿莱娜·杜晗2023年2月14日指出，美国对伊朗的制裁减少了地中海贫血症患者从国外进口救命药物的机会，导致伊朗患者的并发症和死亡率增加，是对健康权的侵犯。[154]联合国人权理事会2023年4月3日通过决议指出，单边强制性措施会对目标国家广大民众的人权产生深远影响，对穷人和处境最脆弱的人影响尤为严重。决议谴责某些大国继续单方面适用单边强制性措施。美国在该决议表决中投了反对票。[155]

结　语

当前，人类社会面临前所未有的挑战，世界又一次站在历史的十字路口。美国存在的诸般人权问题，不仅使人权在美国实质上异化为少数人享有的特权，也严重威胁和阻碍着世界人权事业的健康发展。

质胜于华，行胜于言。能否以符合时代特征、顺应历史潮流的理念和举措破解美国人权困局，美国人民在期待，国际社会在观察，美国政府要回答。

注释：

1 "Why number of US mass shootings has risen sharply," BBC, March 28, 2023, https://www.bbc.com/news/world-us-canada-64377360.

2 "Gun Violence Archive 2023," Gun Violence Archive, https://www.gunviolencearchive.org/.

3 Luis Martinez, Meredith Deliso, "Maine mass shooting: what we know about suspect Robert Card," ABC, October 28, 2023, https://abcnews.go.com/US/maine-mass-shooting-suspect/story?id=104342351.

4 Zachary Schermele, Krystal Nurse, Michael Collins and Minnah Arshad, "Third victim ID'd in UNLV shooting as college professors decry 'national menace,'" USA Today, December 8, 2023, https://www.usatoday.com/story/news/nation/2023/12/08/unlv-shooting-las-vegas-what-we-know/71852211007/.

5 "Concluding observations on the fifth periodic report of the United States of America," Human Rights Committee, December 7, 2023, CCPR/C/USA/CO/5.

6 Liz Mineo, "Stopping toxic flow of guns from US to Mexico," The Harvard Gazette, February 18, 2022, https://news.harvard.edu/gazette/story/2022/02/stopping-toxic-flow-of-gun-traffic-from-u-s-to-mexico/.

7 Masood Farivar, "US uses new law to target gun trafficking to Mexico," VOA, June 15, 2023, https://www.voanews.com/a/us-uses-new-law-to-target-gun-trafficking-to-mexico/7138186.html.

8 Carina Solmrano, "Behind a rise in Latin America's violent crime, a deadly flow of illegal guns," Americas Quarterly, May 15, 2023, https://www.americasquarterly.org/article/behind-a-rise-in-latin-americas-violent-crime-a-deadly-flow-of-illegal-guns/.

9 "Concluding observations on the fifth periodic report of the United States of America," Human Rights Committee, December 7, 2023, CCPR/C/USA/CO/5.

10 "Gun violence widely viewed as a major — and growing — national problem,"

Pew Research Center, June 28, 2023, https://www.pewresearch.org/politics/2023/06/28/gun-violence-widely-viewed-as-a-major-and-growing-national-problem/.

11 Belén Fernández, "US gun violence: Capitalism is the culprit," Al Jazeera, July 31, 2022, https://www.aljazeera.com/opinions/2022/7/31/us-gun-violence-capitalism-is-the-culprit.

12 Lauren Cahn, "Why is it so hard to stop gun violence in America," Reader's Digest, March 27, 2023, https://www.rd.com/article/gun-violence-in-america/.

13 Chip Brownlee, "Permitless carry: these states allow gun owners to carry without a license," The Trace, May 12, 2023, https://www.thetrace.org/2023/05/permitless-carry-gun-laws-states-map/.

14 "Concluding observations on the fifth periodic report of the United States of America," Human Rights Committee, December 7, 2023, CCPR/C/USA/CO/5.

15 Elizabeth Goitein, Noah Chauvin, "The year of section 702 reform, part v: the HPSCI majority FISA working group report," Just Security, November 27, 2023, https://www.justsecurity.org/90230/the-year-of-section-702-reform-part-v-the-hpsci-majority-fisa-working-group-report/.

16 Emile Ayoub, Helen Griffiths, "We're suing the NYPD to uncover its online surveillance practices," Brennan Center for Justice, November 20, 2023, https://www.brennancenter.org/our-work/analysis-opinion/were-suing-nypd-uncover-its-online-surveillance-practices.

17 "Hate crime in the United States incident analysis," Federal Bureau of Investigation (FBI), https://cde.ucr.cjis.gov/LATEST/webapp/#/pages/explorer/crime/hate-crime.

18 "CAIR 2023 civil rights report: progress in the shadow of prejudice," The Council on American-Islamic Relations, https://www.cair.com/wp-content/uploads/2023/04/progressintheshadowofprejudice-1.pdf.

19 "Concluding observations on the fifth periodic report of the United States

of America," Human Rights Committee, December 7, 2023, CCPR/C/USA/CO/5.

Kasey Meehan, Jonathan Friedman, "Banned in the USA: state laws supercharge book suppression in schools," PEN America, April 20, 2023, https://pen.org/report/banned-in-the-usa-state-laws-supercharge-book-suppression-in-schools/.

20 Rebecca Boone, "Experts say attacks on free speech are rising across the US," The Associated Press (AP), March 15, 2023, https://apnews.com/article/first-amendment-free-speech-censorship-mccarthyism-815865bafa52bb821400be15fdf76119.

21 Ram Subramanian, "End the culture of police violence," Brennan Center for Justice, February 3, 2023, https://www.brennancenter.org/our-work/analysis-opinion/end-culture-police-violence.

22 Sam Levin, "2023 saw record killings by US police. Who is most affected?" The Guardian, January 8, 2024, https://www.theguardian.com/us-news/2024/jan/08/2023-us-police-violence-increase-record-deadliest-year-decade.

23 Amy E Lerman, Vesla M Weaver, *Arresting citizenship: the democratic consequences of American crime control* (Chicago: University of Chicago Press, 2014), p. 69.

24 Wool E, Sharara F, Bertolacci G, Naghavi M, Homicides by law enforcement: case definitions matter — authors' reply. *Lancet*, April 30, 2022: 399 (10336), pp. 1693-1694.

25 Jamelle Bouie, "The police cannot be a law unto themselves," The New York Times, January 31, 2023, https://www.nytimes.com/2023/01/31/opinion/tyre-nichols-police-accountability-democracy.html.

26 The White House Office of the Press Secretary, "Remarks by the President at the NAACP Conference," Pennsylvania Convention Center, July 14, 2015, https://obamawhitehouse.archives.gov/the-press-office/2015/07/14/remarks-president-naacp-conference.

27 Emily Widra, "Ten statistics about the scale and impact of mass incarceration in the US," Prison Policy Initiative, October 24, 2023, https://www.prisonpolicy.org/blog/2023/10/24/ten-statistics/.

28 "Captive labor: exploitation of incarcerated workers," American Civil Liberties Union, June 15, 2022, https://www.aclu.org/news/human-rights/captive-labor-exploitation-of-incarcerated-workers.ru.

29 Wendy Sawyer, Peter Wagner, "Mass incarceration: the whole pie 2023," Prison Policy Initiative, March 14, 2023, https://www.prisonpolicy.org/reports/pie2023.html.

30 "From duck stamps to doomsday: the past year in American politics," The Economist, December 28, 2023, https://www.economist.com/united-states/2023/12/28/from-duck-stamps-to-doomsday-the-past-year-in-american-politics.

31 Jessica Piper, "Democrats have outspent Republicans across most of the country," Politico, November 7, 2023, https://www.politico.com/live-updates/2023/11/07/election-day/dems-outspent-gop-00125836.

32 Gerrymandering Project, "We bridge the gap between mathematics and the law to achieve fair representation through redistricting reform," Princeton University, https://gerrymader.princeton.edu/.

33 Melissa Quinn, "Here are the redistricting disputes shaping the battle for House control," CBS News, December 26, 2023, https://www.cbsnews.com/news/redistricting-states-house-congress-control/.

34 "Public trust in government: 1958–2023," Pew Research Center, September 19, 2023, https://www.pewresearch.org/politics/2023/09/19/public-trust-in-government-1958-2023/.

35 "Satisfaction with the United States," Gallup, https://news.gallup.com/poll/1669/general-mood-country.aspx.

36 Meredith Deliso, "Heading into 2024, most Americans believe country headed in the wrong direction: poll," ABC, November 5, 2023, https://abcnews.go.com/Politics/americans-country-headed-wrong-direction-poll/

story?id=104633234.

37 "Reimagining the American Dream: views from young Americans," American University, September 14, 2023, https://www.american.edu/sine-institute/reimagining-poll.cfm.

38 Center for Information & Research on Civic Learning and Engagement, "The youth vote in 2022," Tufts University, April 6, 2023, https://circle.tufts.edu/latest-research/state-state-youth-voter-turnout-data-and-impact-election-laws-2022.

39 KJ Hiramoto, "Keenan Anderson: cause of death revealed for LA man shocked by police taser 6 times," FOX 5, June 3, 2023, https://www.fox5dc.com/news/keenan-anderson-autopsy-los-angeles.

40 Marin Cogan, "Cars transformed America. They also made people more vulnerable to the police." The Vox, February 28, 2023, https://www.vox.com/culture/23614082/sarah-seo-traffic-police-tyre-nichols.

41 "UN experts call for new approaches to policing in the United States following deaths of Keenan Anderson and Tyre Nichols," OHCHR, February 10, 2023, https://www.ohchr.org/en/press-releases/2023/02/un-expert-call-new-approaches-policing-united-states-following-deaths.

42 "Systemic racism pervades US police and justice systems, UN Mechanism on Racial Justice in Law Enforcement says in new report urging reform," OHCHR, September 28, 2023, https://www.ohchr.org/en/press-releases/2023/09/systemic-racism-pervades-us-police-and-justice-systems-un-mechanism-racial.

43 "Jacksonville shootings: what we know about the racist killings," The Associated Press (AP), August 29, 2023, https://apnews.com/article/deadly-shooting-florida-store-race-bd2bf9591f40903a923dbd8a46d8fb97.

44 Deborah Barfield, Berry Terry Collins, Marc Ramirez, "Frightening, shocking: some Black Americans fear violence after Jacksonville shooting," USA Today, August 29, 2023, https://www.usatoday.com/story/news/nation/2023/08/29/jacksonville-shooting-fear-among-black-

americans/70703933007/.

45 Crime Data Explorer, "Hate crime in the United States incident analysis," Federal Bureau of Investigation (FBI), https://cde.ucr.cjis.gov/LATEST/webapp/#/pages/explorer/crime/hate-crime.

46 "Attorney General Bonta releases 2022 hate crime report, highlights continued efforts to combat hate," State of California Department of Justice, June 27, 2023, https://oag.ca.gov/news/press-releases/attorney-general-bonta-releases-2022-hate-crime-report-highlights-continued.

47 Janice Dickson, "Racism: an underlying cause of maternal deaths in the Americas, UN report finds," The Globe and Mail, July 12, 2023, https://www.theglobeandmail.com/world/article-racism-an-underlying-cause-of-maternal-deaths-in-the-americas-un/.

48 Kat Stafford, "Why do so many Black women die in pregnancy? One reason: doctors don't take them seriously," The Associated Press (AP), May 23, 2023, https://apnews.com/article/black-women-maternal-mortality-rate-df872e86c4bb56ef222b19141dc377f8.

49 Keren Landman, "It's getting increasingly dangerous to be a newborn in the US," Vox News, November 9, 2023.

50 Beatrice Peterson, "Rep. Cori Bush says $14 trillion reparations bill will eliminate the racial wealth gap," ABC, May 20, 2023, https://abcnews.go.com/Politics/rep-cori-bush-14-trillion-reparations-bill-eliminate/story?id=99390652.

51 Aaron Morrison, "Hughes Van Ellis, youngest known survivor of Tulsa Race Massacre, dies at 102," The Associated Press (AP), October 11, 2023, https://apnews.com/article/obituary-tulsa-massacre-hughes-van-ellis-d63087c5a8fbe097e47d394394a4df3b.

52 Juliana Menasce Horowitz, "Martin Luther King Jr.'s legacy: 60 years after the march on Washington," Pew Research Center, August 10, 2023, https://www.pewresearch.org/social-trends/2023/08/10/views-of-the-countrys-progress-on-racial-equality/.

53 Kate Linthicum, "'America does not deserve me.' Why Black people are leaving the United States," The Los Angeles Times, October 10, 2023, https://www.latimes.com/world-nation/story/2023-10-10/blaxit-why-so-many-black-americans-are-moving-abroad.

54 Ayana Archie, "Most Asian Americans say they face discrimination and are often treated as foreigners," National Public Radio (NPR), November 30, 2023, https://www.npr.org/2023/11/30/1216121806/anti-asian-american-discrimination-pew-survey.

55 Terry Tang, Linley Sanders, "1 in 3 US Asians and Pacific Islanders faced racial abuse this year, AP-NORC/AAPI Data poll shows," The Associated Press (AP), November 14, 2023, https://apnews.com/article/aapi-data-racism-asian-hate-e5e8c8928dd286b48098a94c5e5f184f.

56 "National survey data shows nearly 3 out of every 4 Chinese Americans have experienced racial discrimination in the past 12 months," Committee of 100, April 27, 2023, https://www.committee100.org/media-center/national-survey-data-shows-nearly-3-out-of-every-4-chinese-americans-have-experienced-racial-discrimination-in-the-past-12-months/.

57 Jeffrey Mervis, "Pall of suspicion: The National Institutes of Health's 'China initiative' has upended hundreds of lives and destroyed scores of academic careers," Science, March 23, 2023, https://www.science.org/content/article/pall-suspicion-nihs-secretive-china-initiative-destroyed-scores-academic-careers.

58 Rebecca Trager, "Scientists of Chinese descent leaving the US at an accelerating pace," Chemistry World, August 2, 2023, https://www.chemistryworld.com/news/scientists-of-chinese-descent-leaving-the-us-at-an-accelerating-pace/4017831.article.

59 孙滔、江庆龄:《中国留美博士生突遭遣返:经历噩梦般的50个小时》,《中国科学报》2024年1月11日第3版。

60 Matthew Brown, "Survivors say trauma from abusive Native American boarding schools stretches across generations," The Associated Press (AP),

November 6, 2023, https://apnews.com/article/native-american-boarding-schools-victims-3f927e5054b6790cef1c6012d8616ad6.

61 Chandelis Duster, "Native American boy forced to cut hair to comply with school hair policy, ACLU says," CNN, November 22, 2023, https://www.cnn.com/2023/11/22/us/indigenous-elementary-student-forced-cut-hair-aclu-reaj/index.html.

62 "Native American health and the environment," National Institute of Environmental Health Sciences (NIEHS), November 20, 2023, https://www.niehs.nih.gov/health/topics/population/native/index.cfm.

63 Sheila Kaplan, "Native American health care remains vastly underfunded," Berkeley Public Health, November 1, 2023, https://publichealth.berkeley.edu/news-media/native-american-health-care-remains-vastly-underfunded/.

64 Amanda Gibson, "Native American healthcare disparities: challenges and solutions," Relias, November 9, 2023, https://www.relias.com/blog/native-american-healthcare-disparities.

65 Ece Yildirim, "Nearly 20% of workers have changed their name on a resume because of discrimination concerns, says new report," CNBC, October 24, 2023, https://www.cnbc.com/2023/10/19/nearly-20percent-of-job-candidates-have-changed-their-names-on-resumes-because-of-discrimination-concerns.html.

66 Michael Sainato, "New York City home care aides push to end 14-hour shifts: destroyed my body," The Guardian, April 23, 2023, https://www.theguardian.com/us-news/2023/apr/23/new-york-city-home-care-workers-end-24-hour-shifts.

67 Amir Khafagy, "Healthcare Worker Union is fighting a bill that would end 24-hour shifts for home health aides," Documented, September 13, 2022, https://documentary.com/2022/09/13/24-hour-shifts-healthcare-new-york-199seiu/.

68 Sean Collins, Izzie Ramirez, "Discrimination isn't just infuriating. It steals Black people's time." The Vox, June 12, 2023, https://www.vox.com/

race/23739082/discrimination-racism-black-people-time-juneteenth.

69 "Freedom of speech is not freedom to spread racial hatred on social media: UN experts," OHCHR, January 6, 2023, https://www.ohchr.org/en/statements/2023/01/freedom-speech-not-freedom-spread-racial-hatred-social-media-un-experts.

70 Marc Ramirez, "Racism in online gaming is rampant. The toll on youth mental health is adding up," USA Today, September 6, 2023, https://www.usatoday.com/story/news/nation/2023/09/03/online-gaming-racism-youth-extremism-mental-health/70721986007/.

71 Natalie Neysa Alund, Walker Armstrong, "'I'm drowning': Black teen cried for help as white teen tried to kill him, police say," USA Today, September 11, 2023, https://www.usatoday.com/story/news/nation/2023/09/11/white-teen-indicted-attempted-murder-massachusetts-racially-mativated/70821226007/.

72 Bruce Hoffman, Jacob Ware, "American hatred goes global," Foreign Affairs, September 19, 2023, https://www.foreignaffairs.com/united-states/american-hatred-goes-global.

73 "Poverty rate in the United States from 1990 to 2022," Statista Research Department, December 3, 2023, https://www.statista.com/statistics/200463/us-poverty-rate-since-1990/.

74 "Only richest 20% of Americans still have excess pandemic savings," Bloomberg, September 25, 2023, https://www.bloomberg.com/news/articles/2023-09-25/only-richest-20-of-americans-still-have-excess-pandemic-savings.

75 "Wealth distribution in the United States in the third quarter of 2023," Statista Research Department, December 20, 2023, https://www.statista.com/statistics/203961/wealth-distribution-for-the-us/.

76 Sheryll Cashin, "America's poverty is built by design," Politico, May 5, 2023, https://www.politico.com/news/magazine/2023/05/21/theres-a-path-out-of-poverty-00097399.

77 Didimo Castillo Fernandez, Martha Otis, "Hegemony and the US labor model," *Latin American Perspectives*, Vol. 34, No. 1, January 2007, pp. 64-72.

78 "The impact of the *Raise the Wage Act* of 2023," Economic Policy Institute, July 25, 2023, https://www.epi.org/publication/rtwa-2023-impact-fact-sheet/.

79 "Minimum-wage workers in 22 states will be getting raises on Jan. 1," National Public Radio (NPR), December 26, 2023, https://www.npr.org/2023/12/26/1221521157/minimum-wage-states-raises-jan-1.

80 "The working poor families project," WPFP, https://www.workingpoorfamilies.org/.

81 "Unions made 2023 the year of the strike. What will happen next?" ABC, December 26, 2023, https://abcnews.go.com/Business/unions-made-2023-year-strike-happen/story?id=105556127.

82 Benjamin J Newman, "Economic inequality, the working poor, and belief in the American Dream," *Public Opinion Quarterly*, Vol. 86, No. 4, 2022, pp. 944-954.

83 "Minimum-wage workers in 22 states will be getting raises on Jan. 1," National Public Radio (NPR), December 26, 2023, https://www.npr.org/2023/12/26/1221521157/minimum-wage-states-raises-jan-1.

84 "Economists explain why Americans feel inflation, economy are much, much worse than they actually are," The Harvard Gazette, November 21, 2023, https://news.harvard.edu/gazette/story/2023/11/why-americans-feel-inflation-economy-are-much-worse-than-they-are/.

85 "US credit card balances see largest yearly leap on record," CNN, November 7, 2023, https://www.cnn.com/2023/11/07/economy/household-debt-credit-card-delinquencies-q3/index.html.

86 Office of Community Planning and Development (CPD), "The 2023 annual homelessness assessment report," Department of Housing and Urban Development (HUD), December 15, 2023, https://www.huduser.gov/portal/

sites/default/files/pdf/2023-AHAR-Part-1.pdf.

87 USICH Executive Director Jeff Olivet, "Collaborate, don't criminalize: how communities can effectively and humanely address homelessness," United States Interagency Council on Homelessness, October 26, 2022, https://www.usich.gov/news-events/news/collaborate-dont-criminalize-how-communities-can-effectively-and-humanely-address.

88 Nazish Dholakia, "How the US criminalizes homelessness," Forbes, January 1, 2022, https://www.forbes.com/sites/forbeseq/2022/01/01/how-the-us-criminalizes-homelessness/?sh=764905cf4869.

89 "The criminalization of homelessness," The National Coalition for the Homeless, https://nationalhomeless.org/civil-rights-criminalization-of-homelessness/.

90 Nazish Dholakia, "How the US criminalizes homelessness," Forbes, January 1, 2022, https://www.forbes.com/sites/forbeseq/2022/01/01/how-the-us-criminalizes-homelessness/?sh=764905cf4869.

91 The National Homelessness Law Center, "UN Human Rights Committee calls on US to end criminalization of homelessness," Whole Community News, November 5, 2023, https://wholecommunity.news/2023/11/05/un-human-rights-committee-calls-on-us-to-end-criminalization-of-homelessness/.

92 "Another public health crisis: 1 in 8 US households struggle with food insecurity, government report finds," CNBC, October 27, 2023, https://www.cnbc.com/2023/10/27/1-in-8-us-households-struggle-with-hunger-food-insecurity-usda.html.

93 Sultan Khalid, "24 states that legalized recreational weed in the US," Insider Monkey, December 28, 2023, https://www.insidermonkey.com/blog/24-states-that-legalized-recreational-weed-in-the-us-1243392/.

94 Iris Dorbian, "Despite some stumbles, total sales in US cannabis market could soar to $50.7 billion by 2028, says top researcher," Forbes, February 15, 2023, https://www.forbes.com/sites/irisdorbian/2023/02/15/despite-

some-stumbles-total-sales-in-us-cannabis-market-could-soar-to-507-billion-by-2028-says-top-researcher/?sh=fc1f488164dc.

95 "Marijuana and hallucinogen use, binge drinking reached historic highs among adults 35 to 50," Department of Health and Human Services (HHS), August 17, 2023, https://www.nih.gov/news-events/news-releases/marijuana-hallucinogen-use-binge-drinking-reached-historic-highs-among-adults-35-50.

96 Substance Abuse and Mental Health Services Administration (SAMHSA), "2022 national survey on drug use and health," Department of Health and Human Services (HHS), November 13, 2023, https://www.samhsa.gov/data/sites/default/files/reports/rpt42731/2022-nsduh-main-highlights.pdf.

97 Morgan Sherburne, "Teen drug use remains below pre-pandemic levels," University of Michigan, December 13, 2023, https://news.umich.edu/teen-drug-use-remains-below-pre-pandemic-levels/.

98 George Petras, "US suicide rate reaches highest point in more than 80 years: see what latest data shows," USA Today, November 29, 2023, https://www.usatoday.com/story/graphics/2023/11/29/2022-suicide-rate-historical-chart-comparison-graphic/71737857007/.

99 Marc Ramirez, "Black suicide rates, once among the nation's lowest, have risen dramatically among youths," USA Today, July 16, 2023, https://www.usatoday.com/story/news/nation/2023/07/16/suicide-rates-among-black-youth-outpacing-other-groups-in-recent-years/70403743007/.

100 Mary Clare Jalonick, "Latest push to revive Equal Rights Amendment fails in Senate," The Independent, April 27, 2023, https://www.the-independent.com/news/world/americas/us-politics/senate-ap-chuck-schumer-democrats-republicans-b2328403.html.

101 "Concluding observations on the fifth periodic report of the United States of America," Human Rights Committee, December 7, 2023, CCPR/C/USA/CO/5.

102 Pien Huang, Jane Greenhalgh, "US maternal deaths keep rising. Here's

who is most at risk," National Public Radio (NPR), July 4, 2023, https://www.npr.org/sections/health-shots/2023/07/04/1185904749/u-s-maternal-deaths-keep-rising-heres-who-is-most-at-risk.

103 Kat Stafford, "Why do so many Black women die in pregnancy? One reason: doctors don't take them seriously," The Independent, May 23, 2023, https://www.independent.co.uk/news/ap-america-alabama-people-black-b2343846.html.

104 "United States: abortion bans put millions of women and girls at risk, UN experts say," OHCHR, June 2, 2023, https://www.ohchr.org/en/press-releases/2023/06/united-states-abortion-bans-put-millions-women-and-girls-risk-un-experts-say.

105 "Concluding observations on the fifth periodic report of the United States of America," Human Rights Committee, December 7, 2023, CCPR/C/USA/CO/5.

106 "Concluding observations on the fifth periodic report of the United States of America," Human Rights Committee, December 7, 2023, CCPR/C/USA/CO/5.

107 Emily Le Coz, Kenny Jacoby, "California State University's mishandling of sexual misconduct comes home to roost this week," USA Today, July 18, 2023, https://www.usatoday.com/story/news/investigations/2023/07/18/california-state-university-title-ix-sexual-misconduct-failures/70424261007/.

108 Andrew Seligman, Mike Household, Larry Lage, "First lawsuit filed on behalf of female Northwestern University athlete as hazing scandal widens," USA Today, July 24, 2023, https://www.usatoday.com/story/sports/ncaaf/2023/07/24/first-lawsuit-filed-on-behalf-of-female-northwestern-university-athlete-as-hazing scandal-widens/70455323007/.

109 Alex Woodward, "Gun reform groups urge Supreme Court to keep firearms away from domestic abusers," The Independent, October 11, 2023, https://www.the-independent.com/news/world/americas/us-politics/second-

amendment-supreme-court-domestic-violence-b2428083.html.

110 Alistair Dawber, "Women in Biden's White House are paid 20% less than men," The Times, August 8, 2023, https://origin-e-www.thetimes.co.uk/article/women-in-bidens-white-house-are-paid-20-less-than-the-men-dgpl9tblp.

111 Hollie McKay, "Pregnant, laid off and unable to find new work: the US moms-to-be with no healthcare and no rights," The Independent, May 11, 2023, https://www.independent.co.uk/news/world/americas/pregnant-laid-off-maternity-discrimination-twitter-google-meta-b2336568.html.

112 Kyle Swenson, Amy Goldstein, "US poverty spiked in 2022, reversing gains, Census Bureau data shows," Washington Post, September 12, 2023, https://www.washingtonpost.com/dc-md-va/2023/09/12/us-poverty-rate-census-uninsured-2022/.

113 Catherine Rampell, "We let child poverty soar last year. We could choose differently," Washington Post, September 12, 2023, https://www.washingtonpost.com/opinions/2023/09/12/biden-child-tax-credit-poverty-doubled/.

114 Phil Galewitz, Katheryn Houghton, Brett Kelman, Samantha Liss, "'Worse than people can imagine': medicaid 'unwinding' breeds chaos in states," USA Today, November 2, 2023, https://www.usatoday.com/story/news/nation/2023/11/02/medicaid-unwinding-chaos-more-than-10-million-terminated/71395554007/.

115 Nada Hassanein, "States lose track of thousands of foster children each year," Miami Herald, November 13, 2023, https://www.miamiherald.com/news/nation-world/national/article281783843.html.

116 Hassan Kanu, "US prisons rife with human rights abuses, especially against Black people, UN says," Reuters, October 5, 2023, https://www.reuters.com/legal/government/column-us-prisons-rife-with-human-rights-abuses-especially-against-black-people-2023-10-04/.

117 Jeff Amy, "Judges say Georgia's child welfare leader asked them to

illegally detain children in juvenile jails," The Associated Press (AP), October 31, 2023, https://apnews.com/article/georgia-foster-children-jon-ossoff-candice-broce-6a2d4e84fe50c8ae91942fb2dbf25ddb.

118 Ed Pilkington, "Louisiana ordered to remove teens from 'intolerable' conditions at state prison," The Guardian, September 11, 2023, https://www.theguardian.com/us-news/2023/sep/11/louisiana-angola-prison-teens-conditions.

119 Kevin Mcgill, "Louisiana moves juveniles from adult penitentiary but continues to fight court order to do so," The Associated Press (AP), September 16, 2023, https://apnews.com/article/louisiana-juveniles-adult-prison-angola-7446878484d004bb3e3c2f262f3f7dab.

120 Tiffany Stanley, Lea Skene, "In US, Black survivors of the Catholic clergy sexual abuse crisis are nearly invisible," Los Angeles Times, November 30, 2023, https://www.latimes.com/world-nation/story/2023-11-30/in-the-us-black-survivors-are-nearly-invisible-in-the-catholic-clergy-sexual-abuse-crisis.

121 Gustaf Kilander, "One in 10 US girls say they've been raped, shocking CDC figures reveal," The Independent, February 13, 2023, https://www.the-independent.com/news/world/americas/crime/cdc-report-rape-sexual-violence-b2281540.html.

122 "US-Mexico border, 'world's deadliest' overland migration route: IOM," UN News, September 12, 2023, https://news.un.org/en/story/2023/09/1140622.

123 Lauren Villagran, "So many deaths, not enough ways to track them: migrant deaths surge at US-Mexico border," USA Today, November 30, 2023, https://www.usatoday.com/story/news/investigations/2023/11/30/us-mexico-border-sees-surge-migrant-deaths-el-paso-juarez/71751171007/?gnt-cfr=1.

124 Alisha Ebrahimji, "Texas is sending asylum seekers to major cities by bus with little notice. These mayors want to pump the brakes," CNN, January

3, 2024, https://edition.cnn.com/2023/12/30/us/asylum-seekers-texas-city-mayors/index.html.

125 Ariel Parrella-Aureli, "Migrant boy, 6, hit by driver outside of police station tent camp: 'they need a place inside,'" Block Club Chicago, October 31, 2023, https://blockclubchicago.org/2023/10/31/migrant-boy-6-hit-by-car-police-station-tent-camp-at-makeshift-albany-park-migrant-tent-shelter/.

126 Michael Loria, Emmanuel Camarillo, "Migrants sleeping outside Chicago police stations brace for winter: we aren't prepared," Chicago Sun-times, October 14, 2023, https://chicago.suntimes.com/2023/10/13/23894854/migrants-chicago-police-stations-weather-outside.

127 "Southwest land border encounters," US Customs and Border Protection, last modified, November 14, 2023, https://www.cbp.gov/newsroom/stats/southwest-land-border-encounters.

128 "Concluding observations on the fifth periodic report of the United States of America," Human Rights Committee, December 7, 2023, CCPR/C/USA/CO/5.

129 Rita Omokha, "Detainees speak out against 'abusive' US migrant jail: 'This place is horrible,'" The Guardian, December 6, 2023, https://www.theguardian.com/us-news/2023/nov/28/ice-detainees-lumpkin-georgia.

130 "Report: Sleep deprivation, torture rooms, a rigged deportation process, and attempted suicide at the Torrance County Detention Facility in Estancia, New Mexico," Innovation Law Lab, February 15, 2023, https://innovationlawlab.org/media/2023.02.15-Torrance-Report.pdf.

131 Jessica M Vaughan, "Biden's border policies facilitate shocking modern slavery," New York Post, January 10, 2023, https://nypost.com/2023/01/10/bidens-border-policies-facilitate-shocking-modern-slavery/.

132 Hannah Davis, "Fighting human trafficking and battling Biden's open border," The Washington Times, March 8, 2023, https://www.washingtontimes.com/news/2023/mar/8/fighting-human-trafficking-and-

battling-bidens-ope/.

133 Beth Warren, "Cartel-backed pot grows linked to human trafficking, inhumane working conditions," USA Today, June 18, 2023, https://www.usatoday.com/in-depth/news/nation/2023/06/18/cartel-backed-pot-grows-linked-to-california-oregon-human-trafficking/70329795007/.

134 Aliza Chasan, "Dozens of suspected human trafficking victims found processing black market marijuana in California," CBS News, July 27, 2023, https://www.cbsnews.com/news/dozens-human-trafficking-victims-processing-black-market-marijuana-operation-merced-california/.

135 Hannah Dreier, "Alone and exploited, migrant children work brutal jobs across the US," The New York Times, February 25, 2023, https://www.nytimes.com/2023/02/25/us/unaccompanied-migrant-child-workers-exploitation.html.

136 Hannah Dreier, "Alone and exploited, migrant children work brutal jobs across the US," The New York Times, February 25, 2023, https://www.nytimes.com/2023/02/25/us/unaccompanied-migrant-child-workers-exploitation.html.

137 Jennifer Sherer, Nina Mast, "Child labor laws are under attack in states across the country: amid increasing child labor violations, lawmakers must act to strengthen standards," Economic Policy Institute, March 14, 2023, https://www.epi.org/publication/child-labor-laws-under-attack/.

138 Stephanie Savell, "How death outlives war: the reverberating impact of the post-9/11 wars on human health," Watson Institute International & Public Affairs of Brown University, May 15, 2023, https://watson.brown.edu/costsofwar/files/cow/imce/papers/2023/Indirect%20Deaths.pdf.

139 Katherine Yon Ebright, "What can a secretive funding authority tell is about the Pentagon's use of force interpretations?" Lawfare, October 11, 2022, https://www.lawfaremedia.org/article/what-can-secretive-funding-authority-tell-us-about-pentagons-use-force-interpretations.

140 Stephanie Savell, "United States counterterrorism operations under the

Biden Administration, 2021–2023," Watson Institute International & Public Affairs of Brown University, May 15, 2023, https://watson.brown.edu/costsofwar/files/cow/imce/papers/2023/Indirect%20Deaths.pdf.

141 Charlie Savage, Eric Schmitt, "Rules for Pentagon use of proxy forces shed light on a shadowy war power," The New York Times, May 14, 2023, https://www.nytimes.com/2023/05/14/us/politics/military-proxy-niger-somalia-human-rights.html.

142 Joseph Clark, "DOD Announces $800m security assistance package for Ukraine," US Department of Defense, July 7, 2023, https://www.defense.gov/News/News-Stories/Article/Article/3451905/dod-announces-800m-security-assistance-package-for-ukraine/.

143 "Continuation of the Istanbul agreements, shipping rev. 1, Ukraine and other topics — daily press briefing," UN Web TV, July 7, 2023, https://webtv.un.org/en/asset/k1m/k1me3i0puv.

144 "UN expert urges US government to review decision to transfer cluster munitions to Ukraine," OHCHR, September 20, 2023, https://www.ohchr.org/en/press-releases/2023/09/un-expert-urges-us-government-review-decision-transfer-cluster-munitions.

145 William Christou, Alex Horton, Meg Kelly, "Israel used US-supplied white phosphorus in Lebanon attack," The Washington Post, December 11, 2023, https://www.washingtonpost.com/investigations/2023/12/11/israel-us-white-phosphorus-lebanon/.

146 Josh Paul, "I knew US military aid would kill civilians and undermine Israeli security. So I quit," The New York Times, November 17, 2023, https://www.nytimes.com/2023/11/17/opinion/us-military-aid-war-israel.html.

147 "In Gaza genocide case, Palestinians seek immediate court order to stop Biden from arming and funding Israeli government, cite his legal duty to prevent, not further, genocide," Center for Constitutional Rights, November 16, 2023, https://ccrjustice.org/home/press-center/press-

releases/gaza-genocide-case-palestinians-seek-immediate-court-order-stop.

148 Fionnuala Ní Aoláin, "Expert welcomes historic visit to United States and Guantánamo detention facility and affirms rights of victims of terrorism and victims of counter-terrorism," OHCHR, June 26, 2023, https://www.ohchr.org/en/press-releases/2023/06/expert-welcomes-historic-visit-united-states-and-guantanamo-detention.

149 Mansoor Adayfi, "Our 'father' has finally been released from Guantanamo," Al Jazeera, February 16, 2023, https://www.aljazeera.com/opinions/2023/2/16/our-father-has-finally-been-released-from-guantanamo.

150 "Sanctions programs and country information," Office of Foreign Assets Control, December 28, 2023, https://ofac.treasury.gov/sanctions-programs-and-country-information.

151 "Economic, commercial embargo imposed by United States against Cuba harmful, violates UN Charter, speakers underline in General Assembly," United Nations, November 1, 2023, https://press.un.org/en/2023/ga12552.doc.htm.

152 "UN High Commissioner for Human Rights Volker Türk concludes official mission to Venezuela," OHCHR, January 28, 2023, https://www.ohchr.org/en/statements/2023/01/un-high-commissioner-human-rights-volker-turk-concludes-official-mission.

153 Doug Bandow, "The cruelty of our Syria sanctions," The American Conservative, June 1, 2023, https://www.theamericanconservative.com/the-cruelty-of-syria-sanctions/.

154 "Iran: over-compliance with unilateral sanctions affects thalassemia patients, say UN experts," OHCHR, February 14, 2023, https://www.ohchr.org/en/press-releases/2023/02/iran-over-compliance-unilateral-sanctions-affects-thalassemia-patients-say.

155 Human Rights Council, "The negative impact of unilateral coercive measures on the enjoyment of human rights," United Nations, April 3, 2023, A/HRC/RES/52/13.